AF453072

TABLE NUMÉRIQUE

DES NEUF PREMIÈRES ANNÉES

DU

MAGASIN ENCYCLOPÉDIQUE,

OU

JOURNAL DES ARTS, DES LETTRES ET DES SCIENCES,

RÉDIGÉ PAR M. MILLIN,

Membre de l'Institut National, etc.

A PARIS,

Chez LAMY, Libraire, quai des Augustins.

1806.

Nota. Le Relieur placera à la fin du tome 54, ou le 6e. de la 9e. année la présente demi-feuille, qui contient 8 pages.

AVERTISSEMENT.

En acquérant à la vente du libraire Fuchs le fonds des neuf premières années du Magasin Encyclopédique, je n'avais d'autres vues que d'améliorer le sort des créanciers, du nombre desquels je fais partie, et de rendre au commerce, par la réimpression des cahiers rares, les collections complettes d'un ouvrage qui jouit d'une réputation justement méritée.

Pour parvenir à ce but j'ai établi un ordre, c'est alors que les difficultés se sont multipliées, celle qui m'a paru la plus importante à vaincre a été la confection d'un état certain de tout ce qui compose la collection des neuf premières années ; j'en ai visité plusieurs, et aucunes n'étaient semblables.

Notre trop malheureux confrère n'ayant pu veiller par lui-même à la délivrance des cahiers ou livraisons qui composent les neuf premières années, il en est résulté;

1°. Que souvent on n'attendait pas que les planches fussent tirées pour faire les distributions des numéros;

2°. Qu'après le tirage les planches s'égaraient et qu'inutilement on réclamait;

3°. Que les enveloppes des cahiers sont presque toutes fautives par les dates de leurs publications;

4°. Que pour se délivrer de l'importunité des réclamations, on fournissait souvent plusieurs fois aux souscripteurs le même cahier, c'est ce qui a fait épuiser sur-tout dans la 3e. année, non seulement la première édition, mais aussi les réimpressions;

5°. Que cette collection étant dépouillée de ses enveloppes, il ne reste plus au relieur que neuf fois tome un à six, et que c'est souvent un hasard s'il a bien placé les frontipices des années une à neuf;

6°. Que les relieurs n'ont eu jusqu'à ce jour aucun guide pour s'assurer si l'exemplaire qui leur était confié contenait toutes les pièces nécessaires à son complément ;

7°. Et enfin, de tout ce désordre il est résulté un inconvénient qui serait resté irréparable sans la présente table, c'est le mélange des années ; je connais plusieurs exemplaires qui, au lieu de la 3e. année, ne sont composés que d'un mélange des cahiers communs de différentes années qu'on a fait concorder en tomes et signatures, les titres seuls sont exacts.

C'est à la complaisance que M. Millin a eu de nous laisser travailler sur son exemplaire, que le public sera redevable du mérite de cette table, si elle en a ; nous y avons apporté toute l'attention possible, et nous réclamons son indulgence pour les fautes involontaires qui nous seraient échappées.

Nous invitons les personnes qui feront usage de notre travail, de nous faire connaître ; 1°. ce qui leur manquera ; 2°. ce qu'elles auront de double ; 3°. de faire sur-tout attention aux estampes, parce que les cuivres n'existant plus, nous en ferons regraver (du consentement de l'auteur) un grand nombre, et réimprimerons les numéros manquans si nous avons l'assurance de couvrir nos frais.

Nous vendrons séparément tous les cahiers détachés que nous avons en magasin, soit pour compléter ceux qui possèdent des exemplaires imparfaits, soit pour les personnes qui voudraient acquérir séparément des dissertations intéressantes qui s'y trouvent.

L'ordre pour la 10e. année est parfaitement établi au moyen du mois et de l'année ajoutés à tous les tomes et signatures.

CONCORDANCE

Des 216 cahiers ou numéros des livraisons qui composent les neuf premières années, avec les neuf tables numériques.

Tous les numéros 1, 5, 9, 13, 17 et 21 de chaque année contiennent les feuilles A à J.

2 . 6 . 10 . 14 . 18 et 22 . . K à S.

3 . 7 . 11 . 15 . 19 et 23 . . T à D d.

4 . 8 . 12 . 16 . 20 et 24 . . E e à N n.

Il a été publié deux cahiers par mois en commençant le numéro 1 de chaque année au 15 floréal.

La 1re., 15 floréal an 3 — 1795.

— 2 — — — 4 — 1796.

— 3 — — — 5 — 1797.

— 4 — — — 6 — 1798.

— 5 — — — 7 — 1799.

— 6 — — — 8 — 1800.

— 7 — — — 9 — 1801.

— 8 — — — 10 — 1802.

— 9 — — — 11 — 1803.

Il s'est glissé une si grande quantité de fautes sur les enveloppes des neuf premières années, qu'il faudrait plusieurs pages d'impression pour en faire la rectification; nous avons jugé ce travail d'autant plus inutile que la reliure des collections faisant disparaître les enveloppes, anéantit en même tems les erreurs qui s'y rencontrent, et qui, pour la plupart, tirent leur origine de la concordance mal établie de l'ère républicaine avec le calendrier grégorien.

TABLE NUMERIQUE

De toutes les signatures et estampes dont est composée la première année du Magasin Encyclopédique, en 6 volumes in-8°.

Nota. Le relieur aura soin de mettre cette table au commencement du T. Ier. de la première année.

TOME PREMIER.

1. L_E faux titre.
2. Le frontispice daté de l'an 3 1795.
3. La présente table en 15 pages, n°s. 1 à 248.
4. La feuille signature A, *pages* 1 à 16, (*commençant ainsi*). Cette année n'offre pas de phénomènes extraordinaires ;
5. *N. B.* A la page 40 doit se trouver une planche représentant les pierres de Florence.
6. La feuille signature B, pages 17 à 32, (*commençant ainsi*). Est aux affaires étrangères à Versailles ;
7. — C, — 33 — 48 (—). pour 1771.
8. — D, — 49 — 64 (—). De la chaux éteinte,
9. — E, — 65 — 80 (—). Mot *Puy* désigne en Auvergne une montagne de forme conique,
10. — F, — 81 — 96 (—). préciable pour la conversation.

Première année, T. 1 à 6.

11. La feuille signature G, pages 97 à 112, (commen-
    çant ainsi). Avoir le tems de méditer son dis-
    cours ou ses ouvrages ?
12. — H, — 113 — 128 (—). » CELLES DE
    BERLIN ET D'AMIENS,
13. — I, — 129 — 144 (—). De cette menaçante et
    sinistre amitié,
14. — K, — 145 — 160 (—). La société royale de
    Londres,
15. *N. B.* A la page 155 doit se trouver une planche
    représentant une génération singulière.
16. — L, — 161 — 176 (—) Pas,
17. — M, — 177 — 192 (—). Épaisse et qu'elle se
    sépare de la liqueur aqueuse ;
18. — N, — 193 — 208 (—). De soude,
19. — O, — 209 — 224 (—). Les auteurs modernes.
20. — P, — 225 — 240 (—). 1759 * Bélisaire ;
21. — Q, — 241 — 256 (—). Peut suppléer au Chinois
22. — R, — 257 — 272 (—). Que tout se prosternait.
23. — S, — 273 — 288 (—). De l'art dramatique
24. — T, — 289 — 304 (—). Nous avons rendu
    compte,
25. — V, — 305 — 320 (—). Le ministre de la ma-
    rine,
26. — X, — 321 — 336 (—). Diminuerait à mesure
    qu'on les aurait détruits,
27. — Y, — 337 — 352 (—). Pas qu'un homme
    puisse sentir la supériorité,
28. — Z, — 353 — 368 (—). 6. Quelle différence
    marque le thermomètre

29. La feuille signature A a, pages 369 à 384, (commençant ainsi). Autre caisse, avec les livres ;

30. — B b, — 385 — 400 (—). tiens, les Perses, les Grecs, les Romains,

31. — C c, — 401 — 416 (—). Tout neuf.

32. — D d, — 417 — 432 (—). Ce Dieu que la nature entière,

33. — E e, — 433 — 448 (—). Tous les savans connaissent les travaux de Lametherie,

34. — F f, — 449 — 464 (—) De scientifique,

35. — G g, — 465 — 480 (—). Qui auront admiré les chefs-d'œuvre de Mascagni,

36. — H h, — 481 — 496 (—). » Nombre de ses élèves,

37. — I i, — 497 — 512 (—). *L'ame* par Charles Bonnet,

38. — K k, — 513 — 528 (—). Malheureusement les couronnes des dents étaient en si mauvais état,

39. *N. B.* A la page 520 doit se trouver une planche représentant des têtes de momies.

40. — L l, — 529 — 544 (—). Plus de 300 lieues de leur vraie position ;

41. — M m, — 545 — 560 (—). Connaissance des amateurs

42. — N n, — 561 — 576 (—). Ses gestes inquiets expliquent son désir,

43. — * Table des articles, pages 571 à 576, commençant par, Philosophical transactions of the royal society of London , et finissant par, la Supercherie par amour.

TOME II.

44. Le faux titre.

45. Le frontispice daté de l'an 3, 1795.

46. La feuille signature A 3, *pages* 5 à 16, (*commençant ainsi*). Ce grand ouvrage,

47. — B, — 17 — 32 (—). En attendant que notre vœu s'accomplisse,

48. — C, 33 — 48 — (—). Les expressions,

49. — D, — 49 — 64 (—). Leyser a confondu ce poëte avec un autre du même nom ;

50. — E, 65 — 80 — (—). ment défigurés que les naturels de la Perse ou de l'Inde

51. — F, — 81 — 96 (—). Laquelle il bâtit.

52. — G, — 97 — 112 (—). Des vestiges.

53. — H, — 113 — 128 (—). Il faut faire attention que Catilina parle à des égaux ;

54. — I, — 129 — 144 (—). Fils du matin ,

55. — K, — 145 — 160 (—). Les émeraudes sont encore plus sujètes

56. — L, — 161 — 176 (—). Une émeraude du poids de dix carats,

57. — M, — 177 — 192 (—). Jours complètement séparés de la fosse temporale;

58. — N, — 193 — 208 (—). On a vu,

59. — O, — 209 — 224 (—). Quoique cette terre fût connue

60. — P, — 225 — 240 (—). nique, que dire vaguement,

61. — Q, — 241 — 256 (—). » Par la jalousie ,

62. La feuille signature R, pages 257 à 272, (commen-
     çant ainsi). line nommée Célestine ,
63. — S, — 273 — 288 (— —). rite de diction
64. — T, — 289 — 304 (— —). La superiorité des
     modernes sur les anciens ,
65. — V, — 305 — 320 (—). Fibres, et ne présente
66. — X, — 321 — 336 (— —). Les mots qu'il explique
     sont rangés
67. — Y, — 337 — 352 (— —). Dessous de cet anneau,
68. — Z, — 353 — 368 (— —). Canal; en haut,
69. *N. B.* A la page 358 doivent se trouver deux planches
     représentant les larynx inférieurs des oiseaux.
70. — A a, — 369 — 384. (— —) Heyne à Gottingue ,
71. — B b, — 385 — 400 (— —). mages. Son culte ,
72. — C c, — 401 — 416 (— —). D'Heley , Fanny
     reprit.
73. — D d, — 417 — 532 (— —). Le secrétaire a
     exprimé les regrets du Lycée
74. — E e, — 433 — 448 (— —). Je vous ai présenté,
75. — F f, — 449 — 464 (— —). Transversalement ;
76. — G g, — 465 — 480 (— —). D'ailleurs m'amuse
     beaucoup
77. — H h, — 481 — 496 (— —). Gronda;
78. — I i, — 497 — 512 (— —). Nous observerons
79. — K k, 513 — 528 (— —). Contre les gouverne-
     mens oppresseurs.
80. — L l, — 529 — 544 (— —). Franc de port par
     la poste.
81. *N. B.* A la page 538 doit se trouver une planche
     représentant l'inscription de la porte de Nîmes,

6   *Table du Magasin Encyclopédique,*

82. La feuille signature M m, pages 545 à 560, (commençant ainsi). Belisle très-supérieure ;

83. — N n, — 561 — 576 (—). Redevable à ma
main qui va finir ma vie,

84. ★ Table des articles, pages 571 à 576, commençant par, J. E. Bode Astronomisches Jahrbuch,
et finissant par Pison, tragédie.

TOME III.

85. Le faux titre.

86. Le frontispice daté de l'an 3 1795.

87. La feuille signature A 3, pages 5 à 16, (*commençant ainsi*). Cet ouvrage,

88. — B, — 17 — 32 (—). nérales, il dit **un mot**
de l'art du Potier,

89. — C, — 33 — 48 (—). Ecrits les uns à la suite
des autres,

90. — D, — 49 — 64 (—). Mer tous les noms des
objets physiques :

91. — E, — 65 — 80 (—). Feuille d'estampes
choisies,

92. — F, — 81 — 96 (—). Sa poursuite,

93. — G, — 97 — 112 (—). On employa aussi des
cailloux fins,

94. — H, — 113 — 128 (—). » Sont incontestable-
ment,

95. La feuille signature I , page 129 à 144, (commençant ainsi). Et quels sont les avantages,

96. — K, — 145 — 160 (—). L'anatomie,

97. — L , — 161 — 176 (—). Toise pour la mesure des tereins

98. — M, — 177 — 192 (—). » vant de lit à toute la famille ,

99. — N, — 193 — 208 (—). riac comme auteur du roman en question.

100. — O , — 209 — 224 (—). Des nouvelles de son père ,

101. — P , — 225 — 240 (—). tion , il dit néanmoins des choses.

102. — Q , — 241 — 256 (—). Cette habitude qui unit plus étroitement les ames.

103. — R, — 257 — 272 (—). L'amant rêve qu'il est aimé ;

104. — S , — 273 — 282 (—). Dans la recherche de ces sujets ;

105. — T , — 283 — 304 (—). Ce volume commence par une introduction

106. — V , — 305 — 320 (—). De même qu'il confond

107. — X, — 321 — 336 (—). Ces opérations prouvent.

108. — Y, — 337 — 352 (—). Dans les bornes de la médiocrité,

109. — Z , — 353 — 368 (—). M. Lessing tire encore un autre argument

110. La feuille signature A a , page 369 a 384, (commen-
        çant ainsi). Leucade, cité ici par Athénée,

111. — B b , — 385 — 400 (--). Si deux contrôleurs-
        généraux

112. — C c , — 401 — 416 (--). » tête ,

113. — D d , — 417 — 432 (--). Notre monarque a
        de l'esprit ;

114. — E e , — 433 — 448 (--). L'assemblée natio-
        nale constituante :

115. — F f , — 449 — 464 (--). Cette production
        prend naissance

116. *N. B.* A la page 460 doit se trouver une planche
        représentant des singes.

117. — G g , — 465 — 480 (--). Bourreau qui tenait
        dans sa main

118. — H h , — 481 — 496 (--). Commerçans et les
        artistes

119. — I i , — 497 — 512 (--) Of Pegu,

120. — K k , — 513 — 528 (--). Corée, produit,

211. — L l , — 529 — 544 (--). Faits avec la plus
        scrupuleuse exactitude ,

122. — M m , — 545 — 560 (--). Sénat que se pas-
        sent les scènes

123. — N n , — 561 — 576 (--). Coup trop libres,

124. ★ Table des articles, page 571 à 576, commen-
        çant par, Société des Sciences de Harlem , et
        finissant par, aventures de Messire Anselme.

TOME IV.

125. LE faux titre.

126. Le frontispice daté de l'an 4, 1795.

127. La feuille signature A 3, *pages* 5 à 16, (*commençant ainsi*). L'étude de la nature

128. — B, — 17 — 32 (—). Nisme admirable et infiniment varié.

129. — C, — 33 — 48 (—). On a inoculé

130. — D, — 49 — 64 (—). Thibault, de Montierender.

131. — E, — 65 — 80 (—). Soutenir la concurrence de prix.

132. — F, — 81 — 96 (—). Le commerce des productions du pays,

133. — G, — 97 — 112 (—). férentes éditions.

134. *N. B.* Page 99 doit se trouver une planche portant une inscription latine et une grecque, en lettres majeures, du monument d'Ancyre.

135. *N. B.* A la page 101 doit se trouver la même inscription corrigée, grecque seulement, et en lettres majeures et mineures.

136. — H, — 113 — 128 (—). Cette traduction est celle

137. — I, — 129 — 144 (—). Ils les gravaient partout.

138. — K, — 145 — 160 (—). Vous demandez,

139. — L, — 161 — 176 (—). Homère regardait les hommes

140. — M, — 177 — 192 (—). vieille paire,

141. La feuille signature N, pages 193 à 208, (commen-
      çant ainsi). Connaissance des manœuvres
142. — O, — 209 — 224 (—). Soleil, ou sur le calendrier :
143. — P, — 225 — 240 (—). dopter pour la troi-
      sième fois
144. — Q, — 241 — 256 (—). » *Savans*
145. — R, — 257 — 272 (—). Ou passages
146. — S, — 273 — 288 (—). Fidèle à l'ordre sé-
      vère de la vérité,
147. — T, — 289 — 304 (—). Cette institution est
      trop importante
148. — V, — 305 — 320 (—). Pas omettre certains faits,
149. — X, — 321 — 336 (—). Cruellement puni
      après sa mort,
150. — Y, — 337 — 352 (—). La même intention
151. *N. B.* A la page 338 doit se trouver une planche
      représentant Diane Lochia.
152. — Z, — 353 — 368 (—). La pierre est celle de
      Diane *Lochia*,
153. — A a, — 369 — 384 (—). Jamais il n'était
      plus sublime
154. — Bb, — 385 — 400 (—). Le premier mémoire
155. — Cc, — 401 — 416 (—). » tement ce vice de
      l'ancien régime,
156. — Dd, — 417 — (—). *Barthélemy et Millin,*
157. — Ee, — 433 — 448 (—). Quoiqu'on ait dans
      la langue danoise
158. — Ff, — 449 — 464 (—). Est encore une ques-
      tion douteuse
159. — Gg, — 465 — (—). culation du sang ;

160. La feuille signature H h, pages 481 à 496, (commen-
　　çant ainsi). Que Robespierre et ses agens,

161. — I i, — 497 — 512 (—). Dans sa décadence.

162. — K k, — 513 — 528 (—). Le traducteur rend
　　compte,

163. — L l, — 529 — 544 (—). » chaînés.

164. — M m, — 545 — 560 (—). Soit qu'il épure,

165. — N n, — 561 — 576 (—). En annonçant,

166. * Table des articles, pages 569 à 576, commen-
　　çant par, la société d'histoire naturelle, et finis-
　　sant par, vir geluzene verhande lingen.

TOME V.

167. Le faux titre.

168. Le frontispice daté de l'an 4, 1795.

169. La feuille signature A 3, *pages* 5 à 16, (*commen-
　　çant ainsi*). AEpinus admet 1º.

170. — B, — 17 — 32 (—). *Folia* de Bauhin,

171. *N. B.* A la page 20 doit se trouver une planche
　　représentant le Cadia varia.

172. — C, — 33 — 48 (—). Chimiques,

173. — D, — 49 — 64 (—). Et les veines, également
　　ment petites,

174. — E, — 65 — 80 (—). Le cœur qui conserve
　　ce principe

175. — F, — 81 — 96 (—). Deux onces ayant été
　　absorbé par la toile

176. — G, — 97 — 112 (—). thodique, exercée sur
　　ces tumeurs

177. La feuille signature H, pages 113 à 128, (commençant ainsi). S'est point permis,

178. — I, — 129 — 144 (——). Dans les antres du nord,

179. — K, — 145 — 150 (——). Citoyens, quelque difficile qu'il soit

180. — L, 161 — 176 (——). Douleur,

181. — M, — 177 — 192 (——). Lavoisier prouva,

182. — N, — 193 — 208 (——). Cet ouvrage fait par un homme de l'art,

183. — O, — 209 — 224 (——). Le premier a pour titre :

184. — P, — 225 — 240 (——). De la *natation.*

185. — Q, — 241 — 256 (——). Idée succinte,

186. — R, — 257 — 272 (——). Appartient.

187. — S, — 273 — 288 (——). Les vésicatoires

188. — T, — 289 — 304 (——). Le directoire exécutif,

189. — V, — 305 — 320 (——). portans, qui peuvent varier les indications,

190. — X, — 321 — 336 (——). cessivement de manière à imiter l'effet du vent

191. — Y, — 337 — 352 (——). Elevée à-peu-près de trente pieds

192. — Z, — 353 — 368 (——). Nouvelle édition (11),

193. — Aa, — 369 — 384 (——). Quoique nationale,

194. — Bb, — 385 — 400 (——), D'Adonis,

195. — Cc, — 401 — 416 (——). Lié de papier blanc,

196. — Dd, — 417 — 432 (——). Le 25e. vol.

197. — Ee, — 433 — 448 (——). L'astronomie avait fait,

198. La feuille signature F f, pages 449 à 464, (commençant ainsi). 3 avril 1791.

199. — G g, — 465 — 480 (—). Externes sont uniquement

200. — H h, — 481 — 496 (—). nois, 3 vol.

201. — I i, — 497 — 512 (—). Le règne animal est celui

202. — K k, — 513 — 528 (—). *Lepus timidus,*

203. — L l, — 529 — 544 (—). Je ne me sens nullement disposé

204. — M m, — 545 — 560 (—). L'influence des spectacles,

205. — N n, — 561 — 572 (—). GRAMMAIRE *abrégée*

206. ★ Table des articles, pages 565 à 572, commençant par, Arithmétique d'Émile, et finissant par, OEuvres de Champfort.

TOME VI.

207. LE faux titre.

208. Le frontispice daté de l'an 4, 1795.

209. La feuille signature A 3, *pages 5 à 16, (commençant ainsi).* C'est une opinion accréditée

210. — B, — 17 — 32 (—). Poisson stationnaire.

211. — C, — 33 — 48 (—). La lobélie anti-vénérienne.

212. *N. B.* A la page 34 doit se trouver une planche représentant une tête pétrifiée.

213. La feuille signature D, pages 49 à 64, (commençant ainsi). étaient venus de Goa :

214. — E, — 65 — 80 (—). sieurs dans le grand nombre

215. — F, — 81 — 96 (—). Front, et la robe

216. — G, — 97 — 112 (—). César pleura

217. — H, — 113 — 128 (—). *que Wilkins,*

218. — I, — 129 — 144 (—). Ses savantes expériences.

219. — K, — 145 — 160 (—). Un de vos correspondans,

220. — L, — 161 — 176 (—). D'un autre côté,

221. — M, — 177 — 192 (—). Parvenir à l'écriture,

222. — N, — 193 — (—). La version de Politien

223. — O, — 209 — 224 (—). Quelque temps avant,

224. — P, — 225 — 240 (—). Dans le jury des livres élémentaires,

225. — Q, — 241 — 256 (—). Après avoir analysé

226. — R, — 257 — 272 (—). Sorte de direction sur l'opéra,

227. — S, — 273 — 288 (—). *Les antiquités,*

228. — T, — 289 — 304 (—). Existe-t-il entre les êtres naturels

229. *N. B.* A la page 389 doit se trouver une feuille intitulée RAPPORTS RÉELS OU APPARENS DES ETRES DE LA NATURE.

230. — V, — 305 — 320 (—). 15. Mêlée avec un flux

231. La feuille sigature X, pages 321 à 336, (commençant ainsi.) Nous le voyons dans les formules

232. — Y, — 337 — 352 (—). monteur qui descendra

233. *N. B.* A la page 344 doit se trouver une planche représentant le Forum Romanum en forme de plan, avec les quatre points cardinaux.

234. — Z, — 353 — 368 (—). Colonnes prétendues

235. — A a, — 369 — 384 (—). De tous les royaumes de l'Asie,

236. — B b, — 385 — 400 (—). Langue particulière.

237. — C c, — 401 — 416 (—). Le talent d'improviser.

238. — D d, — 417 — 432 (—). mens distingués.

239. — E e, — 433 — 448 (—). Nous avons un grand nombre

240. — F f, — 449 — 464 (—). rera enfin une faune

241. — G g, — 465 — 480 (—). De l'acide carbonique,

242. — H h, — 481 — 496 (—). Tirée du chanvre et du lin,

243. — I i, — 497 — 512 (—). Nous avons marqué

244. — K k, — 513 — 528 (—). Le premier voyage

245. — L l, — 529 — 554 (—). Un homme de lettres,

246. — M m, — 555 — 561 (—). Le tableau des prisons,

247. — N n, — 561 — (—). *Astronomie.* — Le premier de ces mémoires

248. ★ Table des articles, pages 570 à 576, commençant par, Journal de l'Ecole polytechnique, et finissant par, Journal de Nouveauté.

Fin de la Table des Tomes I à VI, ou de la Première année.

TABLE NUMÉRIQUE

De toutes les signatures et estampes dont est composée la seconde année du Magasin Encyclopédique, en 6 volumes in-8°.

Nota. Le relieur aura soin de mettre cette table au commencement du T. 1er. de la seconde année.

TOME PREMIER.

249. Le faux titre.

250. Le frontispice daté de l'an 4, 1796.

251. La présente table en 16 pages, nos. 249 à 498.

252. Dédicace à Jean Herman, par Aubin - Louis Millin.

253. La feuille signature *a* 4, A. L. Millin, aux Souscripteurs du Magasin encyclopédique, pages 7 à 16.

254. La feuille signature B , *pages* 17 à 32, (*commençant ainsi*) pas imaginer que c'est à cause de cette plus forte

255. *N. B.* A la page 20 doit se trouver une planche représentant la description d'une espèce nouvelle de mammifère.

256. La feuille signature C, pages 33 à 48, (commençant ainsi). Mâchoires supérieures :

257. — D, — 49—64 (—). 2. LE LORIS PARESSEUX.

Seconde année, T. 1 à 6. 2

258. La feuille signature E, page 65 à 80, (commen-
        çant ainsi). *Mer que l'affection gouteuse va*
        s'établir ,

259. — F, — 81 — 96 (—). recherches analytiques,

260. — G, — 97 — 112 (—). mânes de Linus et de
        Psamathé.

261. — H, — 113 — 128 (—). « à vos vœux redou-
        blés le montre enfin propice ;

262. — I, — 129 — 144 (—). Des mémoires relatifs
        à la religion naturelle et révélée,

263. — K, — 145 — 160 (—). PHYSIQUE.

264. — L, — 161 — 176 (—). *Extrait des registres*
        de la classe des sciences mathématiques, etc.

265. — M, — 177 — 192 (—). lativement aux mâles.

266. — N, — 193 — 208 (—). l'empechait pas d'être
        agréable en société.

267. — O, — 209 — 224 (—). rité spirituelle et tem-
        porelle dont elles étaient revêtues,

268. — P, — 225 — 240 (—). duits volcaniques ,
        j'ai facilité l'étude des volcans :

269. — Q, — 241 — 256 (—). *tutions romaines* res-
        teront au milieu de ces décombres.

270. — R, — 257 — 272 (—). SPECTACLES.

271. — S, — 273 — 288 (—). l'art de la navigation.

272. — T, — 289 — 304 (—). PHYSIQUE.

273. *N. B.* A la page 203 doit se trouver une planche
        représentant le squélette de l'animal du Pa-
        raguay.

274. — V, — 305 — 320 (—). Os, considéré à part,

275. *N. B.* A la page 308 doit se trouver une planche

représentant le paresseux didactyle ou unau ; le paresseux tridactyle ou aï ; l'animal du Paraguay.

276. La feuille signature X , pages 321 à 336, (commençant ainsi). n'a échappé à son œil observateur ,

277. — Y , — 337 — 352 (—). Raynal était décrété de prise de corps, à Paris,

278. — Z , — 353 — 368 (—). L'étude de la botanique procura aussi de nouvelles jouissances au citoyen Pingré ;

279. — A a, — 369 — 384 (—). Il est très-probable que les différentes pièces de vaisselle que nous décrivons

280. — B b, — 385 — 400 (—). M'offrit cette nymphe chérie,

281. — C c, — 401 — 416 (—). la décision la plus sûre et la plus favorable à la situation des malades.

282. — D d, — 417 — 432 (—). la disette et le renchérissement progressif du bled.

283. — E e, — 433 — 448 (—). HISTOIRE NATURELLE.

284. — F f, — 449 — 464 (—). médics mêmes.

285. — G g, — 465 — 480 (—). faisaient, comme un duc bigot de nos jours,

286. — H h, — 481 — 496 (—). mens étaient échauffés par des fourneaux comme les Romains.

287. — I i, — 497 — 512 (—). CALONIQUE.

288. La feuille signature K k, pages 513 à 528, (commençant ainsi). en recevant une instruction commune,

289. — Ll, — 529 — 544 (—). Courons et combattous en hommes, en héros !

290. — M m, — 545 — 560 (—). Il se montre vrai tigre ; il ravage, il détruit :

291. — N n, — 561 — 576 (—). par-tout.

292. — ★ Table des articles, pages 569 à 576, commençant par, Appolonii de tactionibus, par J. G. Camerer, et finissant par, Œuvres de Montesquieu.

TOME II.

293. Le faux titre.

294. Le frontispice daté de l'an 4, 1796.

295. Dédicace à Paul Ustery, médecin à Usteri, médecin à Zurich,

296. La feuille signature *a* iv, A. L. Millin, aux Souscripteurs du Magasin encyclopédique, pages 7 à 16.

297. La feuille signature B, *page* 17 à 32, (*commençant ainsi*). 46. sur la décomposition de l'eau en gaz hydrogène

298. — C, — 33 — 48 (—). borné à des opérations purement mécaniques,

299. — D, — 49 — 64 (—). généraliser.

300. — E, 65 — 80 — (—). rement sa manière de travailler à laquelle il tient opiniâtrément,

3o1. La feuille signature F, pages 81 à 96, (commençant ainsi). le commandement du citoyen Bole,

3o2. — G, — 97 — 112 (—). Le 6 de mai, nous per-
dîmes le citoyen Huon ,

3o3. — H, — 113 — 128 (—). de Louvois, où elle
obtient également ,

3o4. — I, — 129 — 144 (—). LIVRES DIVERS.

3o5. — K, — 145 — 160 (—). PHISIQUE.

3o6. — L, — 161 — 176 (—). à feuilles entières ,

3o7. — M, — 177 — 192 (—). Tout ce qui a été dit
jusqu'ici ne regarde que l'homme ;

3o8. — N, — 193 — 208 (—). rope. — Instituts.

3o9. — O, — 209 — 224 (—). Mohammad l'ac-
cueillit, goûta son entretien ,

31o. — P, — 225 — 240 (—). Dissoudre de vieux
morceaux de laine , jusqu'au point de la satu-
ration.

311. — Q, — 241 — 256 (—). en péril la liberté
générale ,

312. — R, — 257 — 272 (—). Dans les séances par-
ticulières de l'Institut ,

313. — S, — 273 — 288 (—). Le représentant
Lakanal a proposé au proposé au Corps lé-
gislatif

314. — T, — 289 — 304 (—). MAMMIFÈRES.

315. — V, — 305 — 320 (—). La quantité d'eaux
thermales ,

316. — X, — 321 — 336 (—). MÉCANIQUE.

317. — Y, — 337 — 352 (—). blettes, et parle en
même tems de *Dinias* ,

318. La feuille signature Z, pages 353 à 368, (commen-
     çant ainsi). b rton, que l'on croit avoir été
     le lieu connu sous le nom d'Oldkirkpatrik.
319. — A a, — 369 — 384 (——). préféré les intérêts
     du public aux leurs propres,
320. — B b, — 385 — 400 (——). POÉSIE.
321. — C c, — 401 — 416 (——). qui provoquez
     cette rougeur tendre que la timidité répand
     sur le front des bergères !
322. — D d, — 417 — 432 (——). le souvenir d'un
     assez grand nombre de questions proposées
323. — E e, — 433 — 448 (——). MATHÉMATI-
     QUES.
324. — F f, — 449 — 464 (——). Offre encore les dé-
     bris d'un fourneau qui s'y trouvait autrefois.
325. *N. B.* A la page 463 doit se trouver un tableau
     représentant une méthode de nomenclature
     anatomique basée sur la terminaison.
326. — G g, — 465 — 480 (——). si bien réussi,
     qu'en les voyant, on est tenté de résoudre
     affirmativement la question :
327. — H h, — 481 — 496 (——). dit-il à celui-ci ?
328. — I i, — 497 — 512 (——). ni de ce que le
     sénat,
329. — K k, 513 — 528 (——). il sentit par une sorte
     d'instinct,
330. — L l, — 529 — 544 (——). Paris même, sous
     nos yeux,
331. — M m, 545 — 560 (——). » royale, naquit en
     1679,

332. La feuille signature N n, pages 561 à 576, (commençant ainsi). RÉPONSE.

333. ★ Table des articles, pages 569 à 580, commençant par, Sciences et arts, et finissant par, bibliothèque britannique.

TOME III.

334. LE faux titre.

335. Le frontispice daté de l'an 4 1796.

336. Dédicace à Jér.-Jacob Oberlin, professeur de belles-lettres et d'archæologie dans la ville de Strasbourg,

337. La feuille signature A 4, pages 7 à 16, (*commençant ainsi*). MAGASIN ENCYCLOPÉDIQUE.

338. *N. B.* A la page 8 doit se trouver un tableau de la division générale et méthodique des animaux.

339. — B, — 17 — 32 (—). » occasionnées par les impressions des corps externes ;

340. — C, — 33 — 48 (—). nord-ouest :

341. — D, — 49 — 64 (—). Il convient qu'un esclaves s'exempte au moins de son insuffisance auprès du trône du très-haut,

342. — E, — 65 — 80 (—). Après avoir passé la nuit dans ce séjour délicieux,

343. — F, — 81 — 96 (—). instructive !

344. — G, — 97 — 112 (—). POÉSIE.

345. La feuille signature H, pages 113 à 128, (commençant ainsi). Mer.

346.   I, — 129 — 144 (—). le tableau le plus agréablement varié.

347. — K, — 145 — 160 (—). COSMOGRAPHIE.

348. — L, — 161 — 176 (—). néanmoins qu'elles ne sont pas insurmontables ;

349. — M, — 177 — 192 (—). sa table des catégories (33).

350. — N, — 193 — 208 (—). maque :

351. — O, — 209 — 224 (—). quatrième cas *Me-noni* ou *Enenoni de pierre* ,

352. — P, — 225 — 240 (—). sur la ville de Thèbes,

353. — Q, — 241 — 256 (—). tous les sacrilèges qui manquèrent de respect au chef de l'église.

354. — R, — 257 — 272 (—). son esprit généreux fut encore ennobli

355.   S, — 273 — 288 (—). 10. *Phocion* (2).

356.   T, — 289 — 304 (—). HYDRODYNA-MIQUE.

357. *N. B.* A la page 300 doit se trouver un tableau représentant les habitans des eaux distribués suivant les diverses classes des êtres organisés.

358.   V, — 305 — 320 (—). nombre des départemens ,

359.   X, — 321 — 336 (—). Voici quelques maximes qu'il leur reproche,

360.   Y, — 337 — 352 (—). *Sextus Luainius Pudens* :

361. — Z, — 353 — 368 (—). §. 4.

362. La feuille signature A a, pages 369 à 384, (commençant ainsi). le terme de NIKA se trouve exprimé sur le bouclier.
363. -- B b, -- 385 -- 400 (--). ont paru, etc....
364. -- C c, -- 401 -- 416 (--). croire qu'égare.
365. -- D d, -- 417 -- 432 (--). Eloge des vues de *David le Roy*,
366. -- E e, -- 433 -- 448 (--). ARITHMÉTIQUE.
367. -- F f, -- 449 -- 464 (--). plus exquis que la plupart des autres animaux;
368. *N. B.* A la page 462 doit se trouver une planche représentant le squelette de la tête et une pate d'un animal de la classe des mammifères.
369. -- G g, -- 465 -- 480 (--). naturalistes célèbres,
370. *N. B.* A la page 468 doit se trouver une planche représentant deux squelettes de la tête et deux pates d'animaux de la classe des mammifères.
371. -- H h, -- 481 -- 496 (--). *III. Des principaux auteurs qui ont traité de l'Iconologie.*
372. -- I i, -- 497 -- 512 (--) *quante* filles,
373. -- K k, -- 513 -- 528 (--). peut-être est-ce un savant, dont le vaste génie
374. -- L l, -- 529 -- 544 (--). lieu en 1651,
375. -- M m, -- 545 -- 560 (--). le plus beau monument que le public ait droit d'attendre
376. -- N n, -- 561 -- 576 (--). tirée de l'*Essai sur la colonisation* de M. Wadstrom.
377. * Table des articles, page 569 à 576, commençant par, MATHÉMATIQUES, et finissant par, *Félix Faulcon*, fruits de la solitude, etc.

TOME IV.

378. Le faux titre.

379. Le frontispice daté de l'an 5, 1796.

380. Dédicace à François Noël, ministre plénipoten-
tiaire de la république française, auprès de la

381. La feuille signature A 4, *pages 7 à 16, (commençant ainsi).* MAGASIN ENCYCLOPÉDIQUE

382. — B, — 17 — 32 (—). beaux, et leur art le plus
vanté est celui d'éterniser des cadavres.

383. — C, — 33 — 48 (—). rence, un de Tozzetti

384. — D, — 49 — 64 (—). iorum,

385. — E, — 65 — 80 (—). de pierres mythologiques;

386. — F, — 81 — 96 (—). dont parle Strabon,

387. — G, — 97 — 112 (—). expédient facile et puéril.

388. — H, — 113 — 128 (—). Commentateurs pour
y trouver l'éclaircissement des difficultés,

389. — I, — 129 — 144 (—). ou de Suisse.

390. — K, — 145 — 160 (—). CHYMIE.

391. — L, — 161 — 176 (—). On appporte encore
aujourd'hui d'Égypte des étoffes imprimées,

392. — M, — 177 — 192 (—). eus de l'importance de son
commerce et de sa prééminence sur les autres,

393. — N, — 193 — 208 (—). multitude de noms
gravés à la pointe du couteau

394. — O, — 209 — 224 (—). engagea deux Corinthiens,

395. — P, — 225 — 240 (—). *et de eo quod præterea
post mortem suam fieri velit* (13).

396. — Q, — 241 — 256 (—). La chair d'ailleurs
était sur tout remplie des plus bas artisans,

397. La feuille signature R, pages 257 à 272, (commençant ainsi). *Potiamo far uno che aggrandisca maggiormente* .

398. — S, — 273 — 288 (—). le citoyen Guiton a lu l'extrait d'un ouvrage de M. Humold,

399. — T, — 289 — 304 (—). HISTOIRE NATU-RELLE.

400. — V, — 305 — 320 (—). couvre jamais la qualité première ;

401. — X, — 321 — 336 (—). tages moraux et politiques.

402. — Y, — 337 — 352 (—). 158 des poésies .

403. *N. B.* A la page 349 doit se trouver un tableau des exemples de mots où la lettre T se prononce différemment après les cinq voyelles *a*, *e*, *i*, *o*, *u*.

404. — Z, — 353 — 368 (—). » d'abord les négocians,

405. — A a, — 369 — 384 (—). anciens, pour réfuter Galliani,

406. — B b, — 385 — 400 (—). auteur du poëme italien,

407. — C c, — 401 — 416 (—). au milieu des grands numens consacrés aux sciences

408. — D d, — 417 — 432 (—). qui ne se trouvent ainsi placées que dans l'animal des patelles,

409. — E e, — 433 — 448 (—). HISTOIRE NA-TURELLE.

410. — F f, — 449 — 464 (—). leur moyenne du thermomètre decroit d'un degré

411. — G g, — 465 — 480 (—). la huitième est nommée la machine de la pluie;

412. La feuille signature H h, pages 481 à 496, (com-
     mençant ainsi). flexion, le raisonnement étant
     alors impossible à supporter,

413. — I i, — 497 — 512 (—). conduit à la chambre
     du déshabillé,

414. — K k, — 513 — 528 (—). main à mon ouvrage,

415. — L l, — 529 — 544 (—). nigslutter, dans le
     pays de Brunswick.

416. — M m, — 545 — 560 (—). choses égales en
     beauté.

417. — N n, — 561 — 576 (—). accompagnée de la
     Pharsale française,

418. * Table des articles, pages 570 à 576, commen-
     çant par, Arithmétique politique, et finissant
     par, l'art de tirer les cartes.

TOME V.

419. LE faux titre.

420. Le frontispice daté de l'an 5, 1797.

421. Dédicace à la Société d'histoire naturelle de Paris.

422. La feuille signature A 2, *pages 7 à 16, (commen-
     çant ainsi).* MAGASIN ENCYCLOPÉDIQUE.

423. — B, — 17 — 32 (—). mains d'hommes ;

424. — C, — 33 — 48 (—). sont ou des dépouilles
     d'animaux de toute espèce,

425.. — D, — 49 — 64 (—). presqu'égales, de
     couleur jaune,

426. — E, — 65 — 80 (—). Les républiques étaient
     encore plus jalouses

427. La feuille signature F, pages 81 à 96, (commençant ainsi). GRAMMAIRE.

428. — G, — 97 — 112 (—). avenir plus heureux que le présent,

429. — H, — 113 — 128 (—). reuse (17), dont un cavalier presse les flancs ;

430. — I, — 129 — 144 (—). maître de maison,

431. — K, — 145 — 160 (—). ASTRONOMIE.

432. — L, 161 — 176 (—). trouve qu'il y a, dans Vénus,

433. — M, — 177 — 192 (—). Il y joignit la traduction du poëme d'Aratus,

434. — N, — 193 — 208 (—). HISTOIRE ECCLÉSIASTIQUE.

435. — O, — 209 — 224 (—). rences que mettent entr'eux le rang et la naissance,

436. — P, — 225 — 240 (—). capable de succéder à Bougainville,

437. — Q, — 241 — 256 (—). publier elle-même cette table ;

438. — R, — 257 — 272 (—). Il l'atteint ; elle expire ! ô douleur ! ô regrets !

439. — S, — 273 — 288 (—). a chargé deux commissions,

440. — T, — 289 — 304 (—). PHYSIQUE.

441. — V, — 305 — 320 (—). toutes les vicissitudes de la vie ;

442. — X, — 321 — 336 (—). origine commune,

443. — Y, — 337 — 352 (—). du pays paièrent St. Arnould,

444. — Z, — 353 — 368 (—). NOTES.

445. La feuille signature A a, pages 369 à 384, (com-
          mençant ainsi). Nous allons voir si l'exécution
446. — B b, — 385 — 400 (—). dans le second
447. — C c, — 401 — 416 (—). de la science parmi
448. — D d, — 417 — 432 (—). LIVRES DIVERS.
449. — E e, — 433 — 448 (—). PHYSIQUE.
450. — F f, — 449 — 464 (—). convaincu que les
451. — G g, — 465 — 480 (—). MÉDECINE.
452. — H h, — 481 — 496 (—). accusation avec les
453. — I i, — 497 — 512 (—). Apicius, Liv. VII,
454. — K k, — 513 — 528 (—). ROMANS.
455. — L l, — 529 — 544 (—). compléter et les
456. — M m, — 545 — 560 (—). Mais quel nou-
          veau transport !
457. — N n, — 561 — 572 (—). Cette livraison
458. * Table des articles, pages 570 à 576, commen-
          çant par, Physique, et finissant par, Opuscules
          de B. Franklin.

TOME VI.

459. Le faux titre.
460. Le frontispice daté de l'an 5, 1797.
461. A Jean Brez, secrétaire de la Société d'histoire
          naturelle d'Utrecht,
462. La feuille signature A 4, *pages 7 à 16, (commen-*
          çant ainsi). MAGASIN ENCYCLOPÉDIQUE,
463. — B, — 17 — 32 (—). et des plus grands maîtres
464. — C, — 33 — 48 (—). quelque forme au

465. La feuille signature D, pages 49 à 64, (commençant ainsi). ARCHAEOLOGIE.
466. — E, — 65 — 80 (—). est le génie de la jeu-
nesse de Veletri,
467. — F, — 81 — 96 (—). sont tout simplement
traduits de la *Méthode de géographie de*
468. — G, — 97 — 112 (—). mais il étouffe
promptement dans son cœur cette petite
469. — H, — 113 — 128 (—). le passé fuit, se
470. — I, — 129 — 144 (—). NOUVELLES LIT-
TÉRAIRES.
471. — K, — 145 — 160 (—). MAMMIFÈRES.
472. — L, — 161 — 176 (—). dans une infinité
de cryptogames de même nature,
473. — M, — 177 — 192 (—). moins portés à leur
474. — N, — 193 — 208 (—). adjectifs avec uns
475. — O, — 209 — 224 (—). jamais un Hollandais
476. — P, — 225 — 240 (—). POÉSIE SCANDI-
NAVE.
477. — Q, — 241 — 256 (—). côte, depuis le
Hâvre jusqu'à *Tréport.*
478. — R, — 257 — 272 (—). Un discours prononcé
479. — S, — 273 — 288 (—). *quæ ad eos scriptæ*
480. — T, — 289 — 304 (—). MATHÉMATIQUES.
481. — V, — 305 — 320 (—). la synonymie de
482. — X, — 321 — 336 (—). d'*Huxham, Bordeu,*
483. — Y, — 337 — 352 (—). l'ambition avait attiré
bien des maux à sa patrie.
484. — Z, — 353 — 368 (—). il leur enlève même
485. — Aa, — 369 — 384 (—). XXXVIII.

486. La feuille signature Bb, pages 385 à 400, (com-
    mençant ainsi). lui furent envoyés avec

487. — Cc, — 401 — 416 (— —). Ciennes et Samari-
    taines ,

488. — Dd, — 417 — 432 (— —). des présens et des

489. — Ee, — 433 — 448 (— —). Entomologie.

490. — Ff, — 449 — 464 (— —). savantes de J.
    Romain ,

491. — Gg, — 465 — 480 (— —). Temporibus Dif-
    FICILLIMIS

492. — Hh, — 481 — 496 (— —). tance des descendans

493. — Ii, — 497 — 512 (— —). nerai à la suite de
    celui-ci ;

494. — Kk, — 513 — 528 (— —). après une exposition
    de ses idées générales sur ce bel art ,

495. — Ll, — 529 — 544 (— —). devenir une bonne
    poudre à poudrer ,

496. — Mm, — 545 — 561 (— —). le citoyen Grétry ,

497. — Nn, — 561 — 576 (— —). employer les cuirs,

498. * Table des articles, pages 569 à 576, commen-
    çant par, Sciences et arts, et finissant par,
    Essays by a Society of gentlemen à exeter, etc.

*Fin de la Table des Tomes I à VI de la Seconde année ,
ou des volumes VII à XII de la Collection.*

TABLE NUMÉRIQUE

De toutes les signatures et estampes dont est composée la troisième année du Magasin Encyclopédique, en 6 volumes in-8°.

Nota. Le relieur aura soin de mettre cette table au commencement du T. 1ᵉʳ. de la troisième année.

TOME PREMIER.

499. Lᴇ faux titre.

5oo. Le frontispice daté de l'an 5, 1797.

5o1. La présente table en 14 pages, nᵒˢ. 499 à 740.

5o2. Dédicace à M. Antoine-Jean Cavanille,

5o3. La préface, feuille signature *a* iv, *pages* vij à viij (*commençant ainsi*). Nous voici parvenu à la troisième année

5o4. — B, — 17 — 32 (—). théories qu'il expose,

5o5. — C, — 33 — 48 (—). Les personnes qui font une étude

5o6. — D, — 49 — 64 (—). Tout le contraire de la raison

5o7. — E, — 65 — 80 (—). Du chapitre intitulé :

5o8. — F, — 81 — 96 (—). *Limédlhaeb alaïmmat alamsar*

Troisième année, T. 1 à 6.   3

509. La feuille signature G, pages 97 à 112, (commençant ainsi). La mauve (10) et l'aunée

510. — H, — 113 — 128 (—). Admète, mais non Œdipe à Colonne,

511. — I, — 129 — 144 (—). n'étaient pas aussi longues,

512. — K, — 145 — 160 (—). Je vois par lettre,

513. — L, — 161 — 176 (—). descendait à son côté interne

514. — M, — 177 — 192 (—). fait voir clairement

515. — N, — 193 — 208 (—). et qui avait d'abord voué son fils

516. — O, — 209 — 224 (—). pour le prouver,

517. — P, — 225 — 240 (—). sciences et les progrès de la raison

518. — Q, — 241 — 256 (—). gination, oui,

519. — R, — 257 — 272 (—). *amis des hommes.*

520. — S, — 273 — 288 (—). d'une manière certaine

521. — T, — 289 — 304 (—). Les jeunes gens

522. — V, — 305 — 320 (—). la différence,

523. — X, — 321 — 336 (—). toiles portées

524. — Y, — 337 — 352 (—). » attrayante

525. — Z, — 353 — 368 (—). toutes de bronze,

526. — A a, — 369 — 384 (—). » rapporter et siffler

527. — B b, — 385 — 400 (—). singuliers d'auteurs anciens.

528. — C c, — 401 — 416 (—). Le Lycée n'ayant reçu

529. — D d, — 417 — 432 (—). *araire,*

530. La feuille signature E e, pages 433 à 448, (com-
     mençant ainsi). On trouve,
531. — F f, — 449 — 464 (—). Les preuves qu'ils
     apportèrent
532. — G g, — 465 — 480 (—). ceux qui veulent
533. — H h, — 481 — 496 (—). plcerait jamais,
534. — I i, — 497 — 512 (—). *chose de servile;*
535. — K k, — 513 — 528 (—). félicitons d'avoir eu
536. — L l, — 529 — 544 (—). insensiblement
537. — M m, — 545 — 560 (—). Mais ne t'alarme
     pas.
538. — N n, — 561 — 576 (—). des éditions ita-
     liennes
539. — * Table des articles, pages 569 à 576, com-
     mençant par, Formules pour déduire le rap-
     port, et finissant par, Portrait de Boileau—
     Despréaux,

TOME II.

540. Le faux titre.
541. Le frontispice daté de l'an 5, 1797.
542. Dédicace à Charles Auguste Boettiger.
543. La feuille signature A 4, pages 7 à 16, (commen-
     çant ainsi). Il existe entre les six parties
544 — B, — 17 — 32 (—). troduit;
545. — C, — 33 — 48 (—). tous les voyages
546. — D, — 49 — 64 (—). deux images

                                                    3.

547. La feuille signature E, *pages* 65 à 80, (commençant ainsi). parut dans plusieurs de ses pièces

548. — F, 81 — 96 — (—). benénou schofétim

549. — G, — 97 — 112 (—). crate, Platon (3),

550. — H, — 113 — 128 (—). médaille d'or du poids

551. — I, — 129 — 144 (—). l'opération.

552. — K, — 145 — 160 (—). Parmi les mouvemens

553. — L, — 161 — 176 (—). nelles de les suivre

554. — M, — 177 — 192 (—). règle les divers degrés

555. — N, — 193 — 208 (——). dont on a fait un Jean Gorée,

556. — O, — 209 — 224 (——). pour y parvernir,

557. P, — 225 — 240 (——). *Ils tirent, nous les excitons:*

558. — Q, — 241 — 256 (——). *Ante fumen,*

559. R, — 257 — 272 (—). Le prix sera une médaille d'or

560. — S, — 273 — 288 (—). de malignité,

561. — T, — 289 — 304 (——). Ce livret,

562. — V, — 305 — 320 (——). ramifications

563. — X, — 321 — 336 (——). Les silex *pyromaques*

564. — Y, — 337 — 352 (——). De tant de grands hommes

565. — Z, — 353 — 368 (——). connaissait le caractère

566. — A a, — 369 — 384 (——). favoriser les projets de division,

567. — B b, — 385 — 400 (——). délaissées au milieu

568. — C c, — 401 — 416 (——). faitement constatée :

569. La feuille signature D d, pages 417 à 432, (commençant ainsi). forme de cet édifice;
570. — E e, — 433 — 448 (—). Newton avait pro-
posé,
571. — F f, — 449 — 464 (—). Bieruliet,
572. — G g, — 465 — 480 (—). unique objet.
573. — H h, — 481 — 496 (—). heureux?
574. — I i, — 497 — 512 (—). ses compagnons
à l'ouvrage;
575. — K k, 513 — 528 (—). mettez moi aujourd'hui
576. — L l, — 529 — 544 (—). rôle, y ont les
mœurs,
577. — M m, 545 — 560 (—). Le célèbre historien
578. — N n, — 561 — 576 (—). Ce cinquième
volume
579. ★ Table des articles, pages 569 à 576, commençant par, Réflexions *du calcul*, et finissant par,
les Soirées littéraires.

TOME III.

580. LE faux titre.
581. Le frontispice daté de l'an 5, 1797.
582. Dédicace à la société d'émulation de Rouen.
583. La feuille signature A 4, pages 7 à 16, (*commençant ainsi*). Les minéralogistes
584. — B, — 17 — 32 (—). une ligne horizontale
585. — C, — 33 — 48 (—). tiques, les élemens
d'Euclide;

586. La feuille signature D, pages 49 à 64, (commen-
        çant ainsi). altération
587. — E, — 65 — 80 (—). I. Les monnaies espa-
        gnoles
588. — F, — 81 — 96 (—). La fortune souriait
589. — G, — 97 — 112 (—). fables de La Fontaine,
590. — H, — 113 — 128 (—). tent à toutes les
        jouissances;
591. — I, — 129 — 144 (—). Le 3 fructidor
592. — K, — 145 — 160 (—). Les plantes crypto-
        games
593. — L, — 161 — 176 (—). la force de l'habitude
594. — M, — 177 — 192 (—). de l'ouvrage;
595. — N, — 193 — 208 (—). respectable d'ailleurs
596. — O, — 209 — 224 (—). héros incompara-
        blement
597. — P, — 225 — 240 (—). moins commode.
598. — Q, — 241 — 256 (—). Ses lois sont nos
        penchans;
599. — R, — 257 — 272 (—). On a donné au
        théâtre
600. — S, — 273 — 282 (—). en Angleterre,
601. — T, — 283 — 304 (—). La dissertation sa-
        vante
602. — V, — 305 — 320 (—). l'envie,
603. — X, — 321 — 336 (—). de 1785. Le che-
        valier
604. — Y, — 337 — 352 (—). comme une des
        parties
605. — Z, — 353 — 368 (—). abonde,

606. La feuille signature A a , page 369 à 384, (com-
     mençant ainsi). » Trajan s'empara

607. — B b , — 385 — 400 (—). 11 et 13. Les ta-
     pisseries

608. — C c , — 401 — 416 (—). glaise, qui était

609. — D d , — 417 — 432 (—). L'Institut National

610. — E e , — 433 — 448 (—). L'extrait que nous
     allons donner

611. — F f , — 449 — 464 (—). propre

612. — G g , — 465 — 480 (—). j'ai pris toute ma
     vie

613. — H h , — 481 — 496 (—). traînant le corps
     d'Hector

614. — I i , — 497 — 512 (—) curcie par ces défauts ;

615. — K k , — 513 — 528 (—). les modernes,

616. — L l , — 529 — 544 (—). ou que le dégoût

617. — M m , — 545 — 560 (—). 2. Jean-Antoine
     Coussin ,

618. — N n , — 561 — 576 (—). raîtra au commen-
     cement

619. ★ Table des articles , pages 569 à 576, commen-
     çant par , *Expériences du citoyen Biard* , et
     finissant , sur la dernière édition des Œuvres
     de Montesquieu.

TOME IV.

N. B. Il a été fait une seconde édition de plusieurs feuilles du tome IV de cette troisième année dont les réclames sont différentes ; et pour que le public puisse les distinguer, nous indiquons d'abord la première édition, et pour ne pas intervertir l'ordre des numéros, nous les répéterons en chiffres romains, en sorte que le relieur ne s'attache qu'à l'une ou l'autre édition, c'est-à-dire à celle des chiffres arabes ou romains.

620. Le faux titre.

621. Le frontispice daté de l'an 6, 1797.

622. Dédicace au Lucien de l'Allemagne,

623. L'avertissement, feuille signature A 4, *pages 7 à 16, (commençant ainsi*). Les rédacteurs

624. — B, — 17 — 32 (—). Plusieurs journaux

625. — C, — 33 — 48 (—). bien préférable

626. — D, — 49 — 64 (—). le traitement

627. — E, — 65 — 80 (—). les satyres d'Young

628. — F, — 81 — 96 (—). au milieu des horreurs

629. — G, — 97 — 112 (—). Le citoyen *Messier*

630. — H, — 113 — 128 (—). détail.

631. — I, — 129 — 144 (—). gieuse de l'ordre

632. — K, — 145 — 160 (—). cet ouvrage,

633. *N. B.* A la page 158 doit se trouver trois planches. La première représente un squélette vu par-devant ; la seconde un autre squélette vu par derrière, et la troisième un fœtus qui n'a ni tête, ni poitrine, ni estomac, mais seulement la moitié inférieure du bas-ventre com-

plet avec le cordon ombilical, et la jambe gauche, à côté duquel est son squelette.

634. La feuille signature L, pages 161 à 176, (commençant ainsi). qu'on excite

635. — M, — 177 — 192 (— —). autres nations,

636. — N, — 193 — 208 (— —). « Marceau reçut

637. — O, — 209 — 224 (— —). cette inscription

638. — P, — 225 — 240 (— —). *de format cultum*

DCXXXVIII. — P, — 225 — 240 (— —). ces citations

639. — Q, — 241 — 256 (— —). » avec un fonds

DCXXXIX. — Q, — 241 — 256 (— —). Laurent
Echard,

640. — R, 257 — 272 (—). On a annoncé,

DCXL. — R, — 257 — 272 (— —). et des lettres en
Europe;

641. — S, — 273 — 288 (— —). Allemagne;

DCXLI. — S, — 273 — 288 (— —). étoient les vic-
times,

642. — T, — 289 — 304 (— —). la position de Boulogne

643. — V, — 305 — 320 (— —). agitées:

644. — X, — 321 — 336 (— —). avec une lame de
plomb;

645. — Y, — 337 — 352 (— —). devaient en jouir

646. — Z, — 353 — 368 (— —). Pierre-Charles le
Monnier,

647. — A a, — 369 — 384 (— —). rendra ce dictionnaire

648. — B b, — 385 — 400 (— —). nous terminerons

649. — C c, — 401 — 416 (— —). dû nous apprendre

650. — D d, — 417 — 432 (— —). frais et en grande

651. — E e, — 433 — 448 (— —). Il y a dix ans

TOME V.

667. La feuille signature D, pages 49 à 64, (commençant ainsi). avant de faire connaître

668. — E, — 65 — 80 (—). Casiri dit que

669. — F, — 81 — 96 (—). le tome premier

670. — G, — 97 — 112 (—). le président

671. — H, — 113 — 128 (—). tées du 9 février,

672. — I, — 129 — 144 (—). * Le Lévitique,

673. — K, — 145 — 160 (—). le but de ce mémoire

674. — L, 161 — 176 (—). si par nos soins

675. — M, — 177 — 192 (—). portables.

676. — N, — 193 — 208 (—). en Asie

677. — O, — 209 — 224 (—). l'Odyssée des

678. — P, — 225 — 240 (—). Le vénérable

679. — Q, — 241 — 256 (—). que nous fournit

680. — R, — 257 — 272 (—). de parler;

681. — S, — 273 — 288 (—). s'est heureusement

682. — T, — 289 — 304 (—). cet ouvrage,

683. — V, — 305 — 320 (—). Le MILLIA

684. — X, — 381 — 396 (—). Les publicistes

685. — Y, — 397 — 412 (—). et Suétone,

686. — Z, — 413 — 288 (—). punir:

687. — A a, — 429 — 444 (—). fait aucune note

688. — B b, — 445 — 460 (—). nous ne ferons pas

689. — C c, — 461 — 476 (—). monsieur *Cassandre*,

690. — D d, — 477 — 492 (—). son suc gommeux

691. — E e, — 493 — 508 (—). La généalogie

692. — F f, — 509 — 524 (—). ouvrage élémentaire

693. La feuille signature G g, pages 525 à 540, (commençant ainsi). fort étendu

694. — H h, — 541 — 556 (——). plir cette fonction,

695. — I i, — 557 — 572 (——). desir de voir l'Angleterre,

696. — K k, — 573 — 588 (——). 1666, in-8º.)

697. — L l, — 589 — 604 (——). eloigne de l'epoux

698. — M m, — 605 — 620 (——). tesquien l'a démontré,

699. — N n, — 621 — 636 (——). nous ne pouvons.

700. * Table des articles, pages 629 à 636, commençant par, Élémens d'algèbre, et finissant par, Manuel des Banquiers.

TOME VI.

701. Le faux titre.

702. Le frontispice daté de l'an C, 1798.

703. Dédicace à Jean-Samuel Ersch,

704. La feuille signature A 4. *pages 7 à 16, (commençant ainsi)*. dans la dernière version

705. — B, — 17 — 32 (——). dire ce que d'autres

706. — C, — 33 — 48 (——). la respiration

707. — D, — 49 — 64 (——). comme on peut l'observer

708. — E, — 65 — 80 (——). en peu de tems,

709. — F, — 81 — 96 (——). *de la Croix,*

710. — G, — 97 — 112 (——). par les soins

711. — H, — 113 — 128 (——). Le citoyen *Michel*

712. La feuille signature I, pages 129 à 144, (commençant ainsi). un classique.

713. — K, — 145 — 160 (—). Je m'étais déjà

714. — L, — 161 — 176 (—). » l'élévation de la coupole.

715. — M, — 177 — 192 (—). *averti* est ce que

716. — N, — 193 — 208 (—). lie, et mise

717. — O, — 209 — 224 (—). souvent fait

718. — P, — 225 — 240 (—). divine, ne

719. — Q, — 241 — 256 (—). et par quel détestable

720. — R, — 257 — 272 (—). sien:

721. — S, — 273 — 288 (—). abrégé de l'histoire

722. — T, — 289 — 304 (—). Quoique sous le point

723. — V, — 305 — 320 (—). l'économie

724. — X, — 321 — 336 (—). conduire à être

725. — Y, — 337 — 352 (—). » il se chargea

726. — Z, — 353 — 368 (—). Lampius,

727. — A a, — 369 — 384 (—). éclairé par une lampe

728. — B b, — 385 — 400 (—). *la Russie,*

729. — C c, — 401 — 416 (—). béry,

730. — D d, — 417 — 432 (—). M. Huttner,

731. — E e, — 433 — 448 (—). Le phœnicoptère

732. — F f, — 449 — 464 (—). » pétuer la durée

733. — G g, — 465 — 480 (—). *Genné* ou *Junis,*

734 — H h, — 481 — 496 (—). abandon

735. — I i, — 497 — 512 (—). de Hira

736. — K k, — 513 — 528 (—). apostés par celui-ci

737. — L l, — 529 — 544 (—). de son amant

738. La feuille sigature M m, pages 545 à 560, (com-
     mençant ainsi), celle des deux méthodes
739. — N n, — 561 — 576 (——). von Baldinger,
740. ⋆ Table des articles, pages 569 à 576, commen-
     çant par, Mémoires de l'académie, et finissant
     par, édition des Essais de Montagne.

Fin de la Table des Tomes XIII à XVIII de la Collection et des volumes I à VI de la Troisième année.

TABLE NUMÉRIQUE

De toutes les signatures et estampes dont est composée la quatrième année du Magasin Encyclopédique, en 6 volumes in-8°.

Nota. Le relieur aura soin de mettre cette table au commencement du T. 1ᵉʳ. de la quatrième année.

TOME PREMIER.

741. LE faux titre.

742. Le frontispice daté de l'an 6, 1798.

743. La présente table en 14 pages, nᵒˢ. 741 à 981.

744. Dédicace à Pierre Latreille,

744 *bis*. La feuille A 4 dont la signature a été omise au bas de la page, commençant par ces mots, le defaut de cornes, pages 7 à 16.

745. La feuille signature B, pages 17 à 32, (*commençant ainsi*). Dans l'état orthopro'que.

746. — C, — 33 — 48 (—). Les bons esprits

747. — D, — 49 — 64 (—). sait bien ne pas avoir,

748. — E, — 65 — 80 (—). donner de la vertu;

749. — F, — 81 — 96 (—). titre, que dans

750. — G, — 97 — 112 (—). Les travaux présentés

751. — H, — 113 — 128 (—). du cœur humain,

752. La feuille signature I, page 129 à 144 (commen-
       çant ainsi). Leyde dans le courant
753. — K, — 145 — 160 (—). dans cette époque
754. — L, — 161 — 176 (—). de leur corps.
755. — M, — 177 — 192, (—). » brille encore,
756. — N, — 193 — 208 (—). d'une liberté fondée
757. — O, — 209 — 224 (—). sement et à la disso-
       lution
758. — P, — 225 — 240 (—). » plus attentif
759. — Q, — 241 — 256 (—). Le jeu de mot
760. — R, — 257 — 272 (—). délivrée,
761. — S, — 273 — 288 (—). *Degno é ancora*
762. — T, — 289 — 304 (—). Les rayons de la lu-
       mière
763. — V, — 305 — 320 (—). *manœ,*
764. — X, — 321 — 336 (—). *le combat :*
765. — Y, — 337 — 352 (—). Gentoux.
766. — Z, — 353 — 368 (—). vive sur l'ame d'An-
       tenor,
767. — A a, — 369 — 384 (—). Ils trouvèrent
768. — B b, — 385 — 400 (—). sortes de format;
769. — C c, — 401 — 416 (—). claires,
770. — D d, — 417 — 432 (—). » résultat,
771. — E e, 433 — 448 (—). Nous reprenons
772. — F f, — 449 — 464 (—). dans l'interstice
773. — G g, — 465 — 480 (—). jusqu'au moment
774. — H h, — 481 — 496 (—). au sujet de la ma-
       nière
775. — I i, — 497 — 512 (—). tions du rang,
776. — K k, — 513 — 528 (—). possible,

777. La feuille signature Ll, pages 529 à 544 (commençant ainsi). sieurs fois
778. — M m, — 545 — 560 (—). pas mieux
779. — N n, — 561 — 576 (—). » prie communia,
780. — ★ Table des articles, pages 569 à 576, commençant par, la Géométrie, et finissant par, Variété de *Frédéric Charles*,

---

TOME II.

781. Le faux titre.
782. Le frontispice daté de l'an 6, 1798.
783. Dédicace à la Société d'histoire naturelle d'Yena
783 *bis*. La feuille A 4 dont la signature a été omise au bas de la page, commençant par ces mots, le choix d'un nouveau nom, pages 7 à 16.
784. La feuille signature B, pages 17 à 32, (commençant ainsi). bleu et de vert :
785. — C, — 33 — 48 (—). perdus,
786. — D, — 49 — 64 (—). vèrent *confucius,*
787 — E, — 65 — 80 (—). un seul souverain,
788. — F, 81 — 96 — (—). religieux de l'ancienne
789. — G, — 97 — 112 (—). terre, que ce lord était absent,
790. — H, — 113 — 128 (—). conséquent
791. — I, — 129 — 144 (—). se débitent
792. — K, — 145 — 160 (—). La lune
793. — L, — 161 — 176 (—). Enfin ces animaux

794. La feuille signature M, pages 177 à 192 (com-
     mençant ainsi). les Chinois,

795. — N, — 193 — 208 (—). l'état de la médecine.

796. — O, — 209 — 224 (—). ʼιατρον ἕρκις

797. — P, — 225 — 240 (—). » je suis un animal

798. — Q, — 241 — 256 (—). *mais n'est il,*

799. — R, — 257 — 272 (—). la notice aura moins
     d'étendue,

800. — S, — 273 — 288, (—). 1°. examen de ce-
     lui existant.

801. — T, — 289 — 304 (—). de tous les phéno-
     mènes

802. — V, 305 — 320 — (—). gion épigastrique,

803. — X, — 321 — 336 (—). patrie,

804. — Y, — 337 — 352 (—). qui connaissait
     bien

805. — Z, — 353 — 368 (—). le maître de l'hô-
     tellerie

806. — A a, — 369 — 384 (—). et douzième nu-
     méros

807. — B b, — 385 — 400 (—). un appareil ca-
     pable

808. — C c, — 401 — 416 (—). suite à sept mé-
     moires

809. — D d, — 417 — 432 (—). le cortége

810. — E e, — 433 — 448 (—). j'ai déjà parlé

811. — F f, — 449 — 464 (—). ternes et externes

812. — G g, — 465 — 480 (—). *R. Roukema,*

813. — H h, — 481 — 496 (—). domine,

814. *N. B.* A la page 483 doit se trouver une planche

représentant les places où s'est livrée la bataille
de Créci.

815. La feuille signature I i, pages 497 à 512, (commençant ainsi). le tems nécessaire

816. — K k. 513 — 528 (— —). cette géographie

817. — L l, — 529 — 544 (— —). notre langue

818. — M m, 545 — 560 (— —). rixdales à la fille du défunt.

819. — N n, — 561 — 576 (— —). siques.

820. ⋆ Table des articles, pages 569 à 576, commençant par, Travaux de la Société philomatique de Paris, et finissant par, Nouveau Mercure allemand.

TOME III.

821. LE faux titre.

822. Le frontispice daté de l'an 7, 1798.

823. Dédicace à Jean Schweighœuser,

824. La feuille signature A 4, pages 7 à 16, (*commençant ainsi*). Depuis que Loke

825. — B, — 17 — 32 (—). fièvre ataxique d'Euclide;

826. — C, — 33 — 48 (—). vers 1476 (4)

827. — D, — 49 — 64 (— —). l'autre, grand in 8°.,

828. — E, — 65 — 80 (—). La seule chose

829. — F, — 81 — 96 (—). tendent à civiliser

830. — G, — 97 — 112 (—). y eût beaucoup de conformité

831. La feuille signature H, pages 113 à 128 (commençant ainsi). » de Fénélon,

832. — I, — 129 — 144 (—). de la société

833. — K, — 145 — 160 (—). L'auteur s'est pro-posé,

834. — L, — 161 — 176 (—). on trouve chez les cétacés,

835. — M, — 177 — 192 (—). lugais l'emporte

836. — N, — 193 — 208 (—). prédécesseurs.

837. — O, — 209 — 224, (—). cause si louable,

838. — P, — 225 — 240 (—). de ma détention

839. — Q, — 241 — 256 (—). sous le mobile archet

840. — R, — 257 — 272 (—). honorablement

841. — S, — 273 — 282 (—). Hypocrate est le père

842. — T, — 283 — 304 (—). 1746. Mich. Saussine:

843. — V, — 305 — 320 (—). garnish life.

844. — X, — 321 — 336 (—). vessels and circu-lation

845. — Y, — 337 — 352 (—). ployer pour

846. — Z, — 353 — 368 (—). que s'ils étaient taillés

847. — Aa, — 369 — 384 (—). dont les monumens

848. — Bb, — 385 — 400 (—). a avancé

849. — Cc, — 401 — 416 (—). Oise : cotons cardés

850. — Dd, — 417 — 432 (—). refrein du couplet

851. — Ee, — 433 — 448 (—). Les animaux

852. — Ff, — 449 — 464 (—). traire, est sans cesse

853. La feuille signature G g, pages 465 à 480, (commençant ainsi). curiosité toujours

854. — H h, — 481 — 496 (—). dont il s'était entouré

855. — I i, — 497 — 512 (—) teurs et spectateurs,

856. — K k, — 513 — 528 (—). magne sont soumises

857. — L l, — 529 — 544 (—). femme, ô sexe enchanteur!

858. — M m, — 545 — 560, (—). toriens des croisades,

859. — N n, — 561 — 576 (—). table des noms latins,

860. * Table des articles, pages 570 à 576, commençant par, Expériences physiques, et finissant par, L. Taylon.

TOME IV.

861. LE faux titre.

862. Le frontispice daté de l'an 7, 1798.

863. Dédicace aux savans courageux, compagnons illustres de Bonaparte,

863 *bis.* La feuille A 4 dont la signature a été omise au bas de la page, commençant par ces mots, en vous faisant hommage, pages 7 à 16.

864. La feuille signature B, *pages* 17 à 32, (*commençant ainsi*). sivement pourvus

865. — C, — 33 — 48 (—). » rapportent tout

866. — D, — 49 — 64 (—). trop vive,

867. — E, — 65 — 80 (—). *fans,* et,

868. — F, — 81 — 96 (—). M. de Rivarol

869. — G, — 97 — 112 (—). Depuis long-tems

870. — H, — 113 — 128 (—). geaient point sa crainte.

871. — I, — 129 — 144 (—). le 3 avril 1798

872. — K, — 145 — 160 (—). l'un des plus grands

873. — L, — 161 — 176 (—). ses épillets serrés

874. — M, — 177 — 192 (—). rouge.

875. — N, — 193 — 208 (—). il est évident

876. — O, — 209 — 224 (—). Asie; le commerce

877. — P, — 225 — 240 (—). nouveau venu

878. — Q, — 241 — 256 (—). *couler-mouler.*

879. — R, 257 — 272 (—). *Memoirs of the*

880. — S, — 273 — 288 (—). mencé dans le mois

881. — T, — 289 — 304 (—). L'auteur, qui, d'après

882. La feuille signature V, pages 3o5 à 32o, (commençant ainsi). caressa des petits enfans,
883. — X, — 32ı — 336 (—). et il avait coutume
884. — Y, — 337 — 352 (—). les usages
885. — Z, — 353 — 368 (—). la connaissance
886. — A a, — 369 — 384 (—). » et l'on s'aperçoit
887. — B b, — 385 — 4oo (—). ce sujet en Allemagne
888. — C c, — 4oı — 4ı6 (—). expressions
889. — D d, — 4ı7 — 432 (—). de la Jamaïque
890. — E e, — 433 — 448 (—). le savant
89ı. — F f, — 449 — 464 (—). les premières
892. — G g, — 465 — 48o (—). la brièveté
893. — H h, — 48ı — 496 (—). leurs occupations
894. — I i, — 497 — 5ı2 (—). singulier :
895. — K k, — 5ı3 — 528 (—). 5°. comment
896. — L l, — 529 — 544 (—). lady Derby,
897. — M m, — 545 — 56o (—). amoureux
898. — N n, — 56ı — 576 (—). M. Fusinieri
899. * Table des articles, pages 569 à 576, commençant par, Journal de l'école polytechnique,
et finissant par, Lettre sur la conversation

TOME V.

900. Le faux titre.

901. Le frontispice daté de l'an 7, 1799.

902. Dédicace à l'Institut du Caire.

902 *bis.* La feuille A 4 dont la signature a été omise au bas de la page, commençant par ces mots, les Basques, pages 7 à 16.

903. La feuille signature B, *pages* 17 à 32, (*commençant ainsi*). leurs égaux,

904. — C, — 33 — 48 (—). mes de tous les pays,

905. — D, — 49 — 64 (—). férentes, exempt

906. — E, — 65 — 80 (—). taille avantageuse,

907. — F, — 81 — 96 (—). fection sans

908. — G, — 97 — 112 (—). de *Kliyoogg,*

909. — H, — 113 — 128 (—). Almanach des Muses

910. — I, — 129 — 144 (—). Trois jeunes Danois,

911. — K, — 145 — 160 (—). la compagnie

912. — L, 161 — 176 (—). du siècle,

913. — M, — 177 — 192 (—). l'ancien,

914. — N, — 193 — 208 (—). de parler

915. — O, — 209 — 224 (—). *que,* ou plutôt

916. — P, — 225 — 240 (—). expériences

917. — Q, — 241 — 256 (—). vinaigre radical,

918. — R, — 257 — 272 (—). » guer qu'elles sont les causes

919. — S, — 273 — 288 (—). cet ouvrage.

920. — T, — 289 — 304 (—). L'auteur

921. — V, — 305 — 320 (—). qui a poussé ses racines

922. La feuille signature X, pages 321 à 336, (commençant ainsi). » donnait la Syrinx.
923. — Y, — 337 — 352 (—). lui deux mois après
924. — Z, — 353 — 368, (—). la ferme,
925. — A a, — 369 — 384 (—). liberté,
926. — B b, — 385 — 400 (—). « quum plurimis
927. — C c, — 401 — 416 (—). commerce
928. — D d, — 417 — 432 (—). çaise.
929. — E e, — 433 — 448 (—). cet ancien
930. — F f, — 449 — 464 (—). » avec une peine
931. *N. B.* A la page 460 doit se trouver une planche représentant une médaille du roi Brogitarus.
932. — G g, — 465 — 480 (—). s'attribuant
933. — H h, — 481 — 496 (—). mais trop long
934. — I i, — 497 — 512 (—). anciennes,
935. — K k, — 513 — 528 (—). toutes les horreurs
936. — L l, — 529 — 544 (—). croit pas à
937. — M m, — 545 — 560 (—). ministre de l'intérieur
938. — N n, — 561 — 576 (—). on ne trouve
939. ★ Table des articles, pages 569 à 576, commençant par, Lagrange, et finissant par, F. Neufchâteau.

TOME VI.

940. LE faux titre.

941. Le frontispice daté de l'an 7, 1799.

942. Dédicace à G. Cuvier,

943. La feuille signature A 4, *pages* 7 à 16, (*commençant ainsi*). L'auteur rappelle

944. — B, — 17 — 32 (——). pour fixer l'opinion

945. — C, — 33 — 48 (——). collége des médecins

946. — D, — 49 — 64 (——). » pratique de détail;

947. — E, — 65 — 80 (——). *du diamant,*

948. — F, — 81 — 96 (——). à cette occasion

949. — G, — 97 — 112 (——). mais bientôt

950. — H, — 113 — 128 (——). voit des idées

951. — I, — 129 — 144 (——). juste étendue,

952. — K, — 145 — 160 (——). Les amateurs

953. — L, — 161 — 176 (——). très-curieux

954. — M, — 177 — 192 (——). sée, conduisent

955. — N, — 193 — 208 (——). crue périodique,

956. — O, — 209 — 224 (——). vions-nous laisser

957. — P, — 225 — 240 (——). pour le Nord

958. — Q, — 241 — 256 (——). Le mémoire

959. — R, — 257 — 272 (——). *nouvelle classification*

960. — S, — 273 — 288 (——). du troisième

961. — T, — 289 — 304 (——). Le citoyen Barbié,

962. La feuille signature V , pages 305 à 320 (commençant ainsi). » aussi,

963. -- X , — 321 -- 336 (--). Après l'article

964. -- Y , — 337 -- 352 (--). » du guide.

965. *N. B.* Aux pages 342, 343 et 344 doit se trouver une pierre avec une inscription

966. La feuille signature Z, pages 353 à 368, (commençant ainsi). assez pour lui.

967. -- A a , -- 369 -- 384 (--). » tection du gouvernement,

968. -- B b , -- 385 -- 400 (--). gesse et de la modération,

969. -- C c , -- 401 -- 416 (--). 4°. rapport des travaux

970. -- D d , -- 417 -- 432 (--). diteur ne se charge point

971. -- E e , -- 433 -- 448 (--). Depuis *s'Gravesande*

972. -- F f , -- 449 -- 464 (--). le verbe divin,

973. -- G g , -- 465 -- 480 (--). séparée de ces lettres;

974 -- H h , -- 481 -- 496 (--). table non moins rare

975. -- I i , -- 497 -- 512 (--). nous aimons

976. -- K k , -- 513 -- 528 (--). peut. autant

977 *N. B.* A la page 518 doit se trouver une planche représentant le groupe du Laocoon

978. -- L l , -- 529 -- 544 (--). gauche,

979. -- M m , -- 545 -- 560 (--). aux Italiens,

980. La feuille signeture Nn, pages 561 à 576 (com-
        mençant ainsi). ce qui donne
981. ★ Table des articles, pages 570 à 576, commen-
        çant par, Introduction, et finissant par, Lettre
        sur une anecdote.

*Fin de la Table des Tomes XIX à XXIV de la
Collection et des volumes I à VI de la Quatrième
année.*

TABLE NUMÉRIQUE

De toutes les signatures et estampes dont est composée la cinquième année du Magasin Encyclopédique, en 6 volumes in-8°.

Nota. Le relieur aura soin de mettre cette table au commencement du T. 1er. de la cinquième année.

TOME PREMIER.

982. Le faux titre.
983. Le frontispice daté de l'an 7, 1799.
984. La présente table en 14 pages, nos. 982 à 1226.
985. Dédicace à R. Willemet,
986. La feuille signature A 4, pages 7 à 16, (*commençant ainsi*). Dans la diversité
987. — B, — 17 — 32 (—). la larve.
988. — C, — 33 — 48 (—). voyance infinie
989. — D, — 49 — 64 (—). étaient conformes
990. — E, — 65 — 80 (—). (17) ceci est tiré
991. — F, — 81 — 96 (—). c'était encore
992. — G, — 97 — 112 (—). ces substances
993. — H, — 113 — 128 (—). cadémus, raisonnait
994. — I, — 129 — 144 (—). nos bibliographes,
995. — K, — 145 — 160 (—). La botanique

996. La feuille signature L, pages 161 à 176, (commençant ainsi). pêche la chasse

997. — M, — 177 — 192, (—). et n'a été payé

998. — N, — 193 — 208 (—). le *tafsir*,

999. — O, — 209 — 224 (—). *ben-Ahmed*,

1000. — P, — 225 — 240 (—). ment au *songe*

1001. — Q, — 241 — 256 (—). classe des sciences

1002. — R, — 257 — 272 (—). conséquence,

1003. — S, — 273 — 288 (—). faire connaître

1004. — T, — 289 — 304 (—). Lorsqu'on voit

1005. — V, — 305 — 320 (—). Baillet,

1006. — X, — 321 — 336 (—). il part

1007. — Y, — 337 — 352 (—). « beaucoup

1008. *N. B.* A la page 351 doit se trouver une feuille intitulée Abaques quartenaires.

1009. — Z, — 353 — 368 (—). donner

1010. — A a, — 369 — 384 (—). je vous supplie

1011. — B b, — 385 — 400 (—). recommence

1012. — C c, — 401 — 416 (—). semblable

1013. — D d, — 417 — 432 (—). RELIGIONS

1014. — E e, 433 — 448 (—). Une société

1015. — F f, — 449 — 464 (—). » il fera le bien

1016. — G g, — 465 — 480 (—). « L'Angleterre,

1017. — H h, — 481 — 496 (—). latives : ce n'est pas

1018. — I i, — 497 — 512 (—). ce cruel

1019. — K k, — 513 — 528 (—). gnement du chant

1020. — L l, — 529 — 544 (—). on mande d'Utrecht

1021. — M m, — 545 — 560 (—). rarement que

1022. — N n, — 561 — 576 (—). quelle avait préparé

1023. — * Table des articles, pages 570 à 576, commençant par, Essai sur les nombres, et finissant par, Veillées des muses,

---

TOME II.

1024. Le faux titre.

1025. Le frontispice daté de l'an 7, 1799.

1026. Dédicace à J. Fabbroni,

1027. La feuille signature A 4, pages 7 à 16, (*commençant ainsi*). l'entrée de l'algèbre

1028. — B, — 17 — 32 (—). couverture;

1029. — C, — 33 — 48 (—). quoique Henri

1030. — D, — 49 — 64 (—). *régime économique.*

1031. — E, — 65 — 80 (—). à entendre qu'il connaissait

1032. — F, 81 — 96 — (—). de la musique,

1033. — G, — 97 — 112 (—). ne voit dans son frère,

1034. — H, — 113 — 128 (—). « sorte qu'au total,

1035. — I, — 129 — 144 (—). oublions;

1036. — K, — 145 — 160 (—). J'ai espéré

1037. — L, — 161 — 176 (—). soient les premiers.

1038. — M, — 177 — 192 (—). financiers qui les fournissait,

1039. — N, — 197 — 212 (—). *délibératif,*
N. B. *On a passé par erreur les paginaisons* 93 *à* 96.

1040. La feuille signature O, pages 213 à 228 (com-
       mençant ainsi). été plus équitable envers lui.

1041. — P, — 229 — 244 (—). Quelques anachro-
       nismes

1042. — Q, — 245 — 260 (—). duction du genre
       conserva,

1043. — R, — 261 — 276 (—). lestes, s'élèvent à
       peine

1044. — S, — 277 — 292, (—). de ce qu'on appelle
       pole,

1045. — T, — 289 — 304 (—). Nous avons annoncé
       N. B. *On a multiplié par erreur les paginai-
       sons 289 à 292.*

1046. — V, 305 — 320 — (—). et cause une sorte
       d'inflammation

1047. — X, — 321 — 336 (—). sur-tout la peau de
       l'individu

1048. — Y, — 337 — 352 (—). boit son vin,

1049. — Z, — 353 — 368 (—). c'est apparemment

1050. — A a, — 369 — 384 (—). « en examinant
       le sel

1051. — B b, — 385 — 400 (—). Lettre au roi de
       Prusse;

1052. — C c, — 401 — 416 (—). apparentes

1053. — D d, — 417 — 432 (—). public lui avait
       facilité l'entrée

1054. — E e, — 433 — 448 (—). Après avoir fait
       connaître

1055. — F f, — 449 — 464 (—). tient au siècle de
       Louis XIV,

1056. La feuille signature G g, pages 465 à 480, (commençant ainsi). l'expérience,

1057. — H h, — 481 — 496 (—). et Latins,

1058. — I i, — 497 — 512 (—). « de l'antiquité,

1059. — K k, — 513 — 528 (—). d'ailleurs,

1060. — L l, — 529 — 544 (—). la guerre

1061. — M m, 545 — 560 (—). guille aimantée.

1062. — N n, — 561 — 576 (—). l'Europe,

1063. ★ Table des articles, pages 569 à 576, commençant par, Société économique de Berne, et finissant par, OEuvres choisies de Fénélon.

TOME III.

1064. LE faux titre.

1065. Le frontispice daté de l'an 7, 1799.

1066. Dédicace à la société minéralogique d'Yena.

1067. La feuille signature A 4, pages 7 à 16, (commençant ainsi). Un ouvrage d'érudition

1068. — B, — 17 — 32 (—). « politique

1069. — C, — 33 — 48 (—). sens opposés,

1070. — D, — 49 — 64 (—). desquels

1071. — E, — 65 — 80 (—). les vraies sources;

1072. — F, — 81 — 96 (—). ici finit le commentaire

MLXXII. — F, — 81 — 96 (—). de très-belles observations [*Feuille réimprimée.*] *Il ne faut que l'une ou l'autre dans chaque exemplaire:*

et, pour s'assurer de celle qui est nécessaire,
il faut consulter la réclame de la page 80.

1073. La feuille signature G, pages 97 à 112, (com-
    mençant ainsi). N'avez-vous pas été étonné
1074. — H, — 113 — 128 (—). cier, plusieurs
    ateliers
1075. — I, — 129 — 144 (—). M. *Loder*
1076. — K, — 145 — 160 (—). Les mémoires
1077. — L, — 161 — 176 (—). grande célébrité
1078. — M, — 177 — 192 (—). nutrition;
1079. — N, — 193 — 208 (—). dans *Rhacotis*
1080. — O, — 209 — 224, (—). intelligens,
1081. — P, — 225 — 240 (—). trième volume,
1082. — Q, — 241 — 256 (—). à cette démarche
1083. — R, — 257 — 272 (—). timens, empê-
    chait qu'il
1084. — S, — 273 — 288 (—). mois des cam-
    pagnes
1085. — T, — 289 — 304 (—). M. Meiners
1086. — V, — 305 — 320 (—). masse d'hommes
    instruits,
1087. — X, — 321 — 336 (—). serts, accablé de
    fatigue,
1088. — Y, — 337 — 352 (—). ils sont le déve-
    loppement
1089. — Z, — 353 — 368 (—). savent le fixer
1090. — A a, — 369 — 384 (—). Une partie de
    l'antique abbaye
1091. — B b, — 385 — 400 (—). par le savant dom
    Mont Faucon

1092. La feuille signature C c , pages 401 à 416 (commençant ainsi). au ministère évangélique ;

1093. -- D d , -- 417 -- 432 (--). d'Isabelle.

1094. -- E e , -- 433 -- 448 (--). Neuton en publiant son livre

1095. -- F f , -- 449 -- 464 (--). résulte que la détermination

1096. -- G g , -- 465 -- 480 (--). appelle l'instinct.

1097. *N. B.* A la page 475 doit se trouver une planche représentant deux médailles de la ville de Velie.

1098. La feuille signature H h , pages 481 à 496, (commençant ainsi). « de la forme

1099. -- I i , -- 497 -- 512 (--) ouvrages de Linné

1100. -- K k , -- 513 -- 528 (--). « cette édition,

1101. -- L l , -- 529 -- 544 (--). Versailles,

1102. -- M m , -- 545 -- 560, (--). ses réflexions,

1103. -- N n , -- 561 -- 576 (--). avec le plus grand soin ;

1104. ★ Table des articles, pages 569 à 576, commençant par, Bulletin des sciences, et finissant par, les Soirées littéraires.

TOME IV.

1105. Le faux titre.

1106. Le frontispice daté de l'an 8, 1799.

1107. Dédicace à Gaspard d'Ansse de Villoison,

1108. La feuille signature A 4, *pages* 7 à 16, (*commençant ainsi*). J'entre dans une vaste carrière,

1109. — B, — 17 — 32 (—). les autres êtres

1110. — C, — 33 — 48 (—). nerveuse et un peu mélancolique,

1111. — D, — 49 — 64 (—). Il est des ouvrages

1112. — E, — 65 — 80 (—). « prises pour des productions du jour,

1113. — F, — 81 — 96 (—). *nisseurs ordinaire,*

1114. — G, — 97 — 112 (—). doit fixer d'autant plus l'attention

1115. — H, — 113 — 128 (—). dans un *mémoire*

1116. — I, — 129 — 144 (—). ligraphie orientale,

1117. — K, — 145 — 160 (—). citoyen,

1118. — L, — 161 — 176 (—). plus *nouvelles :*

1119. — M, — 177 — 192 (—). qui le prouve,

1120. — N, — 193 — 208 (—). viale des articulations,

1121. — O, — 209 — 224 (—). menteau, Paris, 1581.

1122. — P, — 225 — 240 (—). ordinaire,

1123. — Q, — 241 — 256 (—). cette constance

1124. — R, 257 — 272 (—). *sans façon* arrive d'Egypte;

1125. La feuille signature S, pages 273 à 288, (commençant ainsi). « nos auteurs dramatiques
1126. — T, — 289 — 304 (—). La vie humaine,
1127. — V, — 305 — 320 (—). venir la maladie,
1128. — X, — 321 — 336 (—). « autrefois les hommes,
1129. — Y, — 337 — 352 (—). Les écrits
1130. — Z, — 353 — 368 (—). on dit que le sujet
1131. — Aa, — 369 — 384 (—). encore le verseau ;
1132. — Bb, — 385 — 400 (—). cipale : leur réunion
1133. — Cc, — 401 — 416 (—). « pu voir et observer
1134. — Dd, — 417 — 432 (—). maire. Le premier acte
1135 — Ee, — 433 — 448 (—). Le navigateur.
1136. — Ff, — 449 — 464 (—). « passage,
1137. — Gg, — 465 — 480 (—). et leurs veilles
1138. — Hh, — 481 — 496 (—). qui était la modestie personnifiée.
1139. — Ii, — 497 — 512 (—). La plus difficile de toutes,
1140. — Kk, — 513 — 528 (—). « poste,
1141. — Ll, — 529 — 544 (—). très-incertaine ;
1142. — Mm, — 545 — 560 (—). instituteur des sourds-muets,
1143. — Nn, — 561 — 576 (—). Nous avons annoncé
1144. * Table des articles, pages 567 à 576, commençant par, Introduction complète, et finissant par, Bievriana.

TOME V.

1145. LE faux titre.

1146. Le frontispice daté de l'an 8, 1799.

1147. Dédicace à la Société d'émulation d'Abbeville

1148. La feuille signature A 4, *pages* 7 à 16, (*commençant ainsi*). il m'est tombé par hasard

1149. — B, — 17 — 32 (—). suivant est

1150. — C, — 33 — 48 (—). des maladies

1151. — D, — 49 — 64 (—). alors, seulement,

1152. — E, — 65 — 80 (—). mériter, à celui qui,

1153. — F, — 81 — 96 (—). leurs, le choix

1154. — G, — 97 — 112 (—). Nous avons vu

1155. *N. B.* A la page 98 doit se trouver une planche représentant un cippe trouvé à Marseille près du tombeau de Glaucias,

1156. La feuille signature H, pages 113 à 128, (commençant ainsi). accueilli du public

1157. — I, — 129 — 144 (—). qu'aux *genres*

1158. — K, — 145 — 160 (—). cette année

1159. — L, 161 — 176 (—). Marie publia en 1768,

1160. — M, — 177 — 192 (—). étude sérieuse

1161. — N, — 193 — 208 (—). du quel il dit

1162. — O, — 209 — 224 (—). « l'éloquence,

1163. — P, — 225 — 240 (—). tant contre les dangers

1164. — Q, — 241 — 256 (—). et de finir à 99;

1165. — R, — 257 — 272 (—). temps son irritabilité;

1166. — S, — 273 — 288 (—). tente n'a été plus trompée;

1167. La feuille signature T, pages 289 à 304, (commençant ainsi). Mon intention

1168. — V, — 305 — 320 (——). comme cette ville

1169. — X, — 321 — 336 (——). il faut lire :

1170. — Y, — 337 — 352 (——). elle circule encore

1171. — Z, — 353 — 368 (——). Les beaux tems de la Grèce

1172. — A a, — 369 — 384 (——). dité des femmes

1173. — B b, — 385 — 400 (——). cédés comme avantageux,

1174. — C c, — 401 — 416 (——). « sonna diversement,

1175. — D d, — 417 — 432 (——). des plantes.

1176. — E e, — 433 — 448 (——). Lorsqu'un antiquaire

1177. — F f, — 449 — 464 (——). Le C. Ventenat

1178. — G g, — 465 — 480 (——). la vérité,

1179. — H h, — 481 — 496 (——). Depuis environ une douzaine d'années,

1180. — I i, — 497 — 512 (——). mineuse, et nous regrettons

1181. — K k, — 513 — 528 (——). Citoyen,

1182. — L l, — 529 — 544 (——). qui reviendront en France,

1183. — M m, — 545 — 560 (——). sur-tout

1184. — N n, — 561 — 576 (——). Essai sur le droit des gens.

1185. ⋆ Table des articles, pages 567 à 576, commençant par, Barême des mesures de surface, et finissant par, Magasin hanséatique.

TOME VI.

1186. Le faux titre.

1187. Le frontispice daté de l'an 8, 1799.

1188. Dédicace à la Société d'émulation de Boulogne

1189. La feuille signature A 4, *pages* 7 à 16, (*commençant ainsi*). Il est bien tems

1190. — B, — 17 — 32 (——). user ses forces

1191. — C, — 33 — 48 (——). échange des dates

1192. — D, — 49 — 64 (——). les quatre doigts en avant.

1193. — E, — 65 — 80 (——). « prix à ce qu'elles emploient.

1194. — F, — 81 — 96 (——). Condillac,

1195. — G, — 97 — 112 (——). *médicale,*

1196. — H, — 113 — 128 (——). La mort prématurée

1197. — I, — 129 — 144 (——). *Juste lipse,*

1198. — K, — 145 — 160 (——). Nous nous empressons

1199. — L, — 161 — 176 (——). que nous connaissons

1200. — M, — 177 — 192 (——). « les flots

1201. — N, — 193 — 208 (——). ralistes,

1202. — O, — 209 — 224 (——). mée dans un vieux château

1203. — P, — 225 — 240 (——). et il en arrive

1204. — Q, — 241 — 256 (——). M. Waldack,

1205. — R, — 257 — 272 (——). propose de le recevoir

1206. La feuille signature **S**, pages 273 à 288, (commençant ainsi). hauteur de l'instinct

1207. — **T**, — 289 — 304 (—). L'anatomie humaine

1208. — **V**, — 305 — 320 (—). impressions

1209. — **X**, — 321 — 336 (—). ce genre renferme deux espèces.

1210. — **Y**, — 337 — 352 (—). servi à garder les reliques

1211. — **Z**, — 353 — 368 (—). gende, en caractères arabes

1212. — **A a**, — 369 — 384 (—). plus capable

1213. — **B b**, — 385 — 400 (—). proportion au tube,

1214. *N. B.* A la page 398 doit se trouver une planche représentant la conferva Hispida.

1215. La feuille signature **C c**, pages 401 à 416, (commençant ainsi). attendant qu'elle soit rangée

1216. — **D d**, — 417 — 432 (—). que lui donne la qualité

1217. — **E e**, — 433 — 448 (—). cette partie

1218. — **F f**, — 449 — 464 (—). croit qu'on ne peut douter

1219. — **G g**, — 465 — 480 (—). « mes-tu les danses

1220 — **H h**, — 481 — 496 (—). « gèrent et la limèrent

1221. — **I i**, — 497 — 512 (—). L'auteur,

1222. — **K k**, — 513 — 528 (—). ment simple de la loi

1223. La feuille signature Ll, pages 529 à 544. (com-
      mençant ainsi). mémoires où la question
1224. — Mm, — 545 — 564 (——). inédits,
1225. — Nn, — 565 — 576 (——). Le C. Langlès
1226. * Table des articles, pages 568 à 576, commen-
      çant par, Bulletin des sciences, et finissant
      par, le conservateur.

*Fin de la Table des Tomes XXV à XXX de la
Collection et des volumes I à VI de la Cinquième
année.*

TABLE NUMÉRIQUE

De toutes les signatures et estampes dont est composée la sixième année du Magasin Encyclopédique, en 6 volumes in-8°.

Nota. Le relieur aura soin de mettre cette table au commencement du T. Ier. de la sixième année.

TOME PREMIER.

1227. Le faux titre.

1228. Le frontispice daté de l'an 8, 1800.

1229. La présente table en 14 pages, n°s. 1227 à 1479.

1230. Dédicace à l'académie des curieux de la nature.

1231. La feuille signature A 4, pages 7 à 16, (*commençant ainsi*). L'auteur s'occupe

1232. — B, — 17 — 32 (—). quelconque,

1233. — C, — 33 — 48 (—). les résultats

1234. — D, — 49 — 64 (—). prêtres

1235. — E, — 65 — 80 (—). (17) « portant la main

1236. — F, — 81 — 96 (—). nonymes dans la même langue ;

1237. — G, — 97 — 112 (—). d'Egypte,

Sixième année, T. 1 à 6.   6

1238. La feuille signature H, pages 113 à 128, (commençant ainsi). Dans mes longs voyages,

1239. — I, — 129 — 144 (—). travaux dans l'histoire.

1240. — K, — 145 — 160 (—). L'étude

1241. — L, — 161 — 176 (—). vie,

1242. — M, — 177 — 192, (—). on a déjà justifié

1243. — N, — 193 — 208 (—). Lille.

1244. — O, — 209 — 224 (—). fastes

1245. — P, — 225 — 240 (—). quelquefois

1246. — Q, — 241 — 256 (—). à déterminer

1247. — R, — 257 — 272 (—). che les causes,

1248. — S, — 273 — 288 (—). sur la réflexion

1249. — T, — 289 — 304 (—). je me propose

1250. *N. B.* A la page 289 doit se trouver deux planches représentant les ongueaux des mammifères.

1251. — V, — 305 — 320 (—). de sa famille,

1252. — X, — 321 — 336 (—). sième volume,

1253. — Y, — 337 — 352 (—). *libri rarissimi,*

1254. — Z, — 353 — 368 (—). quable, et par son étendue

1255. — A a, — 369 — 384 (—). On a publié

1256. — B b, — 385 — 400 (—). omnes et dixerunt :

1257. — C c, — 401 — 416 (—). famille des graminées,

1258. — D d. — 417 — 432 (—). formé

1259. — E e, 433 — 448 (—). Le premier volume

1260. *N. B.* A la page 448 doit se trouver une planche représentant des instrumens aratoires.

1261. La feuille signature F f, pages 449 à 464, (commençant ainsi). Carolines,
1262. — G g, — 465 — 480 (—). vieuses, doivent
1263. — H h, — 481 — 496 (—). aux bleues;
1264. — I i, — 497 — 512 (—). n'est ni clair,
1265. — K k, — 513 — 528 (—). Lead thou the
1266. — L l, — 529 — 544 (—). L'académie.
1267. — M m, — 545 — 560 (—). Linnæi,
1268. — N n, — 561 — 576 (—). pêcheur,
1269. — * Table des articles, pages 567 à 576, commençant par, Méthodes analytiques, et finissant par, Voyage de vingt-quatre heures;

TOME II.

1270. Le faux titre.

1271. Le frontispice daté de l'an 8, 1800.

1272. Dédicace à B. G. E. Lacépède,

1273. La feuille signature A 4, pages 7 à 16, (*commençant ainsi*). Le beau camée,

1274. *N. B.* A la page 7 doit se trouver une planche représentant un camée.

1275. — B, — 17 — 32 (—). courses de ce prince,

1276. — C, — 33 — 48 (—). ils vont aux spectacles

1277. — D, — 49 — 64 (—). ture et par la reconnaissance.

1278. — E, — 65 — 80 (—). *Corneille,*

1279. — F, 81 — 96 — (—). Wyttenbach

1280. — G, — 97 — 112 (—). M. Achard,

1281. — H, — 113 — 128 (—). un garçon de 28 ans,

1282. — I, — 129 — 144 (—). Le théâtre

1283. — K, — 145 — 160 (—). en descendant

1284. — L, — 161 — 176 (—). Les Druidesses

1285. — M, — 177 — 192 (—). ractères lombards,

1286. *N. B.* A la page 182 doit se trouver un prospectus, en anglais, d'un dictionnaire de la langue chinoise, par le docteur Ager de Vienne.

1287. — N, — 193 — 208 (—). par le R. P. François Diaz,

1288. — O, 209 — 224 (—). fleurs de lys

1289. — P, — 225 — 240 (—). paroît craindre

1290. La feuille signature Q, pages 241 à 256, (commençant ainsi). gouvernement,
1291. — R, — 257 — 272 (—). e) établissement
1292. — S, — 273 — 288, (—). Le refus le plus dur
1293. — T, — 289 — 304 (—). faire mouvoir
1294. — V, 305 — 320 — (—). les périphéries
1295. *N. B.* A la page 312 doit se trouver une planche représentant les théâtres mobiles des curions.
1296. — X, — 321 — 336 (—). parties diverses,
1297. — Y, — 337 — 352 (—). peut-être
1298. — Z, — 353 — 368 (—). et d'Angleterre,
1299. — A a, — 369 — 384 (—). ce chapitre par
1300. — B b, — 385 — 400 (—). L'anatomie,
1301. — C c, — 401 — 416 (—). cinq devront
1302. — D d, — 417 — 432 (—). et le latin
1303. — E e, — 433 — 448 (—). On ne peut
1304. — F f, — 449 — 464 (—). fable
1305. — G g, — 465 — 480 (—). seul écrivain;
1306. — H h, — 481 — 496 (—). dignitatum
1307. — I i, — 497 — 512 (—). de plus,
1308. — K k, — 513 — 528 (—). tane, Aquitaine,
1309. — L l, — 529 — 544 (—). La pierre
1310. — M m, 545 — 560 (—). le mieux établis
1311. — N n, — 561 — 576 (—). apercevoir,
1312. ★ Table des articles, pages 568 à 576, commençant par, Annales des Arts, et finissant par, les Veillées du Tasse.

TOME III.

1313. Le faux titre.
1314. Le frontispice daté de l'an 8, 1800.
1315. Dédicace à la mémoire de Charles Louis l'Héritier,
1316. La feuille signature A 4, pages 7 à 16, (*commençant ainsi*). Le nom du C. Lacépède
1317. — B, — 17 — 32 (—). armé d'arguillons.
1318. — C, — 33 — 48 (—). ni prolongemens
1319. — D, — 49 — 64 (—). je ne suivrai point
1320. — E, — 65 — 80 (—). L'auteur a annoncé?
1321. — F, — 81 — 96 (—). a été trouvé
1322. — G, — 97 — 112 (—). Les corrections
1323. — H, — 113 — 128 (—). graviers,
1324. — I, — 129 — 144 (—). cette relation
1325. — K, — 145 — 160 (—). Telle est la manière
1326. — L, — 161 — 176 (—). Delille cite
1327. — M, — 177 — 192 (—). dejà cité,
1328. — N, — 193 — 208 (—). La plante qui fournissait
1329. — O, — 209 — 224, (—). rave. Ces deux sucres,
1330. — P, — 225 — 240 (—). au reste,
1331. — Q, — 241 — 256 (—). xième arrondissement
1332. — R, — 257 — 272 (—). beaucoup
1333. — S, — 273 — 288 (—). traduction
1334. — T, — 289 — 304 (—). Nous avons annoncé

1335. La feuille signature V, pages 3o5 à 3ao, (commençant ainsi). sujet homérique,
1336. — X , — 3a1 — 336 (—). contribue
1337. — Y , — 337 — 35a (—). ractérisons
1338. *N. B.* A la page 344 doit se trouver une planche représentant une vesce à gousse extérieure et intérieure.
1339. — Z , — 353 — 368 (—). il n'y a d'autres
1340. — A a, — 369 — 384 (—). nous montre
1341. — B b, — 385 — 4oo (—). la mâchoire
1342. — C c, — 4o1 — 416 (—). mon silence
1343. — D d , — 417 — 43a (—). Johann
1344. — E e, — 433 — 448 (—). ces autels
1345. *N. B.* A la page 433 doit se trouver une planche représentant des autels antiques.
1346. — F f, — 449 — 464 (—). égards,
1347. — G g, — 465 — 480 (—). « auxquelles
1348. — H h, — 481 — 496 (—). affectation,
1349. — I i, — 497 — 51a (—) et un autre endroit:
135o. — K k, — 513 — 5a8 (—). J'ai lu,
1351. — L l, — 5a9 — 544 (—). 7. rapport
135a. — M m, — 545 — 56o, (—). rable à son traité
1353. — N n, — 561 — 576 (—). La leçon
1354. ★ Table des articles, pages 567 à 576, commençant par, Introduction complète, et finissant par, Lettre du C Sonnini.

TOME IV.

1355. Le faux titre.

1356. Le frontispice daté de l'an 8, 1800.

1357. Dédicace à la mémoire de Jean Hermann.

1358. La feuille signature A 4, *pages* 7 à 16, (*commençant ainsi*). Dans cette foule

1359. — B, — 17 — 32 (—). Béresfordarrive

1360. — C, — 33 — 48 (—). mier qui s'offre à la lecture.

1361. — D, — 49 — 64 (—). « nes pièces

1362. — E, — 65 — 80 (—). veux, avec cette inscription,

1363. — F, — 81 — 96 (—). Baluze fait mention

1364. — G, — 97 — 112 (—). et lymphatique,

1365. — H, — 113 — 128 (—). Maepherson avait légué,

1366. — I, — 129 — 144 (—). trop longue,

1367. — K, — 145 — 160 (—). Trois périodes

1368. — L, — 161 — 176 (—). qui les enchevêtrent,

1369. — M, — 177 — 192 (—). en sont les résultats.

1370. — N, — 193 — 208 (—). fléchisseurs,

1371. — O, — 209 — 224 (—). des sérénades

1372. — P, — 225 — 240 (—). l'amitié;

1373. — Q, — 241 — 256 (—). L'auteur

1374. — R, 257 — 272 (—). leurs,

1375. — S, — 273 — 288 (—). ces êtres indépendans,

1376. — T, — 289 — 304 (—). Le cabinet des antiques

1377. *N. B.* A la page 389 doit se trouver deux planches représentant l'une le dessus et l'autre le
dessous d'un disque d'argent, connu sous le
nom de bouclier de Scipion.

1378. La feuille signature V, pages 305 à 320, (commençant ainsi). tives. Ici l'artiste

1379. — X , — 321 — 336 (—). cour contenait

1380. — Y , — 337 — 352 (—). « d'Aoste.

1381. — Z , — 353 — 368 (—). *cellent* ouvrage,

1382. — Aa , — 369 — 384 (—). « *grandes cons-
tructions.*

1383. — Bb , — 385 — 400 (—). C'est à ses soins

1384. — Cc , — 401 — 416 (—). Deux ouvrages,

1385. — Dd , — 417 — 432 (—). ouvrage

1386. — Ee , — 433 — 448 (—). La recherche

1387. — Ff , — 449 — 464 (—). Ordre premier

1388. — Gg , — 465 — 480 (—). merson l'a trouvée

1389. — Hh , — 481 — 496 (—). moment

1390. — Ii , — 497 — 512 (—). ces trois derniers
mois?

1391. — Kk , — 513 — 528 (—). la faculté

1392. — Ll , — 529 — 544 (—). pétés et rapides

1393. — Mm , — 545 — 560 (—). que cause

1394. — Nn , — 561 — 576 (—). L'estimable auteur

1395. * Table des articles, pages 567 à 576, commençant par, du Calcul des dérivations, et finissant par, il n'est pas aisé de se faire des pré-
jugés.

TOME V.

1396. Le faux titre.

1397. Le frontispice daté de l'an 9, 1801.

1398. Dédicace à la mémoire de Legrand d'Ausssi.

1399. *N. B.* Au verso de la page 6 doit se trouver une planche portant une inscription trouvée à Halinghen près de Boulogne-sur-Mer;

1400. La feuille signature A 4, *pages* 7 à 16, (*commençant ainsi*). Le dessin de cette inscription

1401. — B, — 17 — 32 (—). Nous avons

1402. — C, — 33 — 48 (—). ce qu'on peut

1403. — D, — 49 — 64 (—). ont entendu parler

1404. — E, — 65 — 80 (—). noines de l'univers,

1405. — F, — 81 — 96 (—). Suabe,

1406. — G, — 97 — 112 (—). tels que les taupes

1407. — H, — 113 — 128 (—). Le général en chef,

1408. — I, — 129 — 144 (—). moyen qu'un *Oratorio :*

1409. — K, — 145 — 160 (—). Lorsque

1410. — L, 161 — 176 (—). lonté desquels dépendait

1411. *N. B.* A la page 174 doit se trouver une planche représentant des os de jambes.

1412. — M, — 177 — 192 (—). inférieurement,

1413. — N, — 193 — 208 (—). piqûre, et indispose

1414. La feuille signature O, pages 209 à 224, (commençant ainsi). L'objet

1415. — P, — 225 — 240 (—). 1. Rapport

1416. — Q, — 241 — 256 (—). Il n'y a eu

1417. — R, — 257 — 272 (—). même pour toutes.

1418. — S, — 273 — 288 (—). lequel

1419. — T, — 289 — 304 (—). La réunion des hommes

1420. — V, — 305 — 320 (—). très-possible

1421. — X, — 321 — 336 (—). altewarikh (2),

1422. — Y, — 337 — 352 (—). cela prouve

1423. — Z, — 353 — 368 (—). relles, développeront

1424. — A a, — 369 — 384 (—). annonce

1425. — B b, — 385 — 400 (—). *de la société*

1426. — C c, — 401 — 416 (—). l'on veut,

1427. — D d, — 417 — 432 (—). L'auteur

1428. — E e, — 433 — 448 (—). Dans les *collectanea*

1429. *N. B.* A la page 433 doit se trouver une planche représentant Agrippine et Mercure.

1430. — F f, — 449 — 464 (—). heureusement,

1431. *N. B.* A la page 464 doit se trouver une description du fils d'Eporedirix.

1432. — G g, — 465 — 480 (—). Cette inscription

1433. — H h, — 481 — 496 (—). Le même *Eugène*

1434. — I i, — 497 — 512 (—). dant le séjour

1435. La feuille signature K k, pages 513 à 528, (commençant ainsi). « apostume. »
1436. — L l, — 529 — 544 (——). dit dernièrement
1437. — M m, — 545 — 560 (——). cet opéra
1438. — N n, — 561 — 576 (——). une réduction,
1439. ★ Table des articles, pages 567 à 576, commençant par, Histoire de l'astronomie, et finissant par, Notices littéraires.

TOME VI.

1440. Le faux titre.

1441. Le frontispice daté de l'an 9, 1801.

1442. Dédicace à la Société des observateurs de l'homme.

1443. La feuille signature A 4, *pages* 7 à 16, (*commençant ainsi*). La publication

1444. — B, — 17 — 32 (—). ment pas

1445. — C, — 33 — 48 (—). premières parties,

1446. — D, — 49 — 64 (—). La vie

1447. — E, — 65 — 80 (—). sacrifices

1448. — F, — 81 — 96 (—). une salle

1449. — G, — 97 — 112 (—). L. C. Lasteyrie

1450. — H, — 113 — 128 (—). ouvrage

1451. — I, — 129 — 144 (—). écartée et sauvage,

1452. — K, — 145 — 160 (—). Mosaïque.

1453. — L, — 161 — 176 (—). occidentale

1454. — M, — 177 — 192 (—). vient de publier,

1455. — N, — 193 — 208 (—). leurs vertus

1456. — O, — 209 — 224 (—). « d'elle.

1457. — P, — 225 — 240 (—). nouveaux ouvrages,

1458. — Q, — 241 — 256 (—). Les amis

1459. — R, — 257 — 272 (—). pas enlevé

1460. — S, — 273 — 288 (—). la Haute Egypte.

1461. — T, — 289 — 304 (—). Jean-Henri Lider

1462. — V, — 305 — 320 (—). « l'église;

1463. — X, — 321 — 336 (—). gante de la vue

1464. — Y, — 337 — 352 (—). le berceau de l'imprimerie

1465. La feuille signature Z, pages 353 à 368, (com-
        mençant ainsi). cette édition
1466. — A a, — 369 — 384 (—). *rations de l'ame,*
1467. — B b, — 385 — 400 (—). assure un moyen
1468. — C c, — 401 — 416 (—). Guillotin,
1469. — D d, — 417 — 432 (—). Le troisième
1470. — E e, — 433 — 448 (—). pendant
1471. — F f, — 449 — 464 (—). cette étymologie
1472. — G g, — 465 — 480 (—). « était que
1473. — H h, — 481 — 496 (—). « en particulier,
1474. — I i, — 497 — 512 (—). « maison
1475. — K k, — 513 — 528 (—). Après avoir
1476. — L l, — 529 — 544 (—). presque toutes
1477. — M m, — 545 — 560 (—). Le C. Joly,
1478. — N n, — 561 — 576 (—). Forster,
1479. ★ Table des articles, pages 567 à 576, commen-
        çant par, Rapport sur les grandes tables, et
        finissant par, Manuel des fous;

*Fin de la Table des Tomes XXXI à XXXVI de
    la Collection et des volumes I à VI de la Sixième
    année.*

TABLE NUMÉRIQUE

De toutes les signatures et estampes dont est composée la septième année du Magasin Encyclopédique, en 6 volumes in-8°.

Nota. Le relieur aura soin de mettre cette table au commencement du T. Ier. de la septième année.

TOME PREMIER.

1480. Le faux titre.
1481. Le frontispice daté de l'an 9, 1801.
1482. La présente table en 14 pages, n°s. 1480 à 1728.
1483. Dédicace à A. S. Bassinet,
1484. La feuille signature A 4, pages 7 à 16, (*commençant ainsi*). Quelques pièces
1485. — B, — 17 — 32 (—). dispersés
1486. — C, — 33 — 48 (—). Un artiste
1487. — D, — 49 — 64 (—). Outre ces mémoires
1488. — E, — 65 — 80 (—). (17) est presque impossible
1489. — F, — 81 — 96 (—). qui dépendront de moi,
1490. N. B. A la page 96 doit se trouver une planche représentant la colonne nationale.

Septième année, T. 1 à 6.   7

98   *Table du Magasin Encyclopédique.*

1491. La feuille signature G, pages 97 à 112. (commençant ainsi). après avoir personnifié

1492. — H, — 113 — 128 (—). dernier moyen

1493. — I, — 129 — 144 (—). Ces *élémens*

1494. — K, — 145 — 160 (—). Alcée,

1495. — L., — 161 — 176 (—). quel Cratinus

1496. — M, — 177 — 192, (—). « L'amour

1497. — N, — 193 — 208 (—). vers des Aspariœ

1498. — O, — 209 — 224 (—). « digne de l'attention

1499. — P, — 225 — 240 (—). « chaise de professeur

1500. — Q, — 241 — 256 (—). qui donne

1501. — R, — 257 — 272 (—). *la partie de l'arbre*

1502. — S, — 273 — 288 (—). La vente

1503. — T, — 289 — 304 (—). Les anciennes Grecques,

1504. *N. B.* A la page 289 doit se trouver une planche représentant les souliers à échasse des anciennes Grecques.

1505. — V, — 305 — 320 (—). dité, de faire faire

1506. — X, — 321 — 336 (—). il se fit une loi

1507. — Y, — 337 — 352 (—). foibles pour

1508. — Z, — 353 — 368 (—). « lettre croisée

1509. — A a, — 369 — 384 (—). ques, du C. Sopransi

1510. — B b, — 385 — 400 (—). tion de leurs principes

1511. — C c, — 401 — 416 (—). mâle, dont il a également

1512. — D d, — 417 — 432 (—). *Dorval et Berville*

1513. La feuille signature E e, pages 433 à 448, (commençant ainsi). Ce volume
1514. — F f, 449 — 464 (—). simple bon sens,
1515. — G g, — 465 — 480 (—). *méthodique*,
1516. — H h, — 481 — 496 (—). sa conduite
1517. — I i, — 497 — 512 (—). bruit dans les écoles
1518. — K k, — 513 — 528 (—). un jeune homme
1519. — L l, — 529 — 544 (—). du globe solaire.
1520. — M m, — 545 — 560 (—). les procédés
1521. — N n, — 561 — 576 (—). contiendra la copie
1522. — * Table des articles, pages 567 à 576, commençant par, Extrait d'une lettre, et finissant par, Correspondance de Salomon Gesner.

TOME II.

1523. Le faux titre.

1524. Le frontispice daté de l'an 9, 1801.

1525. Dédicace à la Société d'émulation de Colmar.

1526. La feuille signature A 4, pages 7 à 16, (*commençant ainsi*). Avant d'entrer

1527. — B, — 17 — 32 (—). C'est ici

1528. — C, — 33 — 48 (—). « et les plus désho-
          norés

1529. — D, — 49 — 64 (—). de la multiplication

1530. — E, — 65 — 80 (—). cement des feuilles,

1531. — F, 81 — 96 — (—). immense,

1532. — G, — 97 — 112 (—). Mais les CC, De-
          sormes et Clément,

1533. — H, — 113 — 128 (—). suivi,

1534. — I, — 129 — 144 (—). autres mois

1535. — K, — 145 — 160 (—). paix conclue

1536. — L, — 161 — 176 (—). susdites,

1537. — M, — 177 — 192 (—). vent en même
          temps

1538. — N, — 193 — 208 (—). de faire sentir

1539. — O, 209 — 224 (—). « trouvèrent

1540. — P, — 225 — 240 (—). Le besoin

1541. — Q, — 241 — 256 (—). 1er. vendémiaire

1542. — R, — 257 — 272 (—). de ses parties,

1543. — S, — 273 — 288 (—). Le C. Pierre-Charles
          Coisson,

1544. — T, — 289 — 304 (—). L'auteur

1545. La feuille signature V, pages 305 à 320, (commençant ainsi). nie , Tycho-Brahe,
1546. — X , — 321 — 336 (— —). collections
1547. — Y , — 337 — 352 (— —). On a rarement
1548. — Z , — 353 — 368 (— —). elles furent
1549. — A a, — 369 — 384 (— —). coutume
1550. — B b, — 385 — 400 (— —). III. *L'étude*
1551. — C c , — 401 — 416 (— —). *rolement aug-*
mentée
1552. — D d, — 417 — 432 (—). Il faut en convenir ;
1553. — E e, — 433 — 448 (— —). Lorsque
1554. — F f, — 449 — 464 (— —). dissemens. Ptolémée.
1555. — . G g, — 465 — 480 (— —). il semble
1556. — H h, — 481 — 496 (— —). Le président
1557. — I i , — 497 — 512 (— .). ses livres,
1558. — K k, — 513 — 528 (— —). *sureté :*
1559. — L l, — 529 — 544 (— —). en état
1560. — M m, 545 — 560 (— —). La soie
1561. — N n, — 561 — 576 (—). volumes,
1562. * Table des articles, pages 567 à 576, commençant par, Traité complet de mathématiques, et finissant par, Manuel de Weimar.

TOME III.

1563. Le faux titre.

1564. Le frontispice daté de l'an 9, 1801.

1565. Dédicace au Lycée de Marseille.

1566. La feuille signature A 4, pages 7 à 16, (*commençant ainsi*). deux classes

1567. — B, — 17 — 32 (—). febrifuge

1568. — C. — 33 — 48 (—). ascendant

1569. D. — 49 — 64 (—). célèbre *Joseph Haydn*

1570. — E, — 65 — 80 (—). chez lui

1571. — F, — 81 — 96 (—). de si longs travaux.

1572. — G, — 97 — 112 (—). Le nombre

1573. — H, — 113 — 128 (—). cloche

1574. — I, — 129 — 144 (—). *Blainval*,

1575. — K, — 145 — 160 (—). dans la première

1576. — L, — 161 — 176 (—). *que;* etc.

1577. — M, — 177 — 192 (—). que j'imagine

1578. — N, — 193 — 208 (—). 2°. Que sa vivacité

1579. — O, — 209 — 224, (—). toutes les sodalités

1580. — P, — 225 — 240 (—). moyens

1581. — Q, — 241 — 256 (—). Le local

1582. — R, — 257 — 272 (—). et 79, à Paris :

1583. — S, — 273 — 288 (—). Ce petit écrit

1584. — T, — 289 — 304 (—). « le carnaval

1585. — V, — 305 — 320 (—). de la maison

1586. — X, — 321 — 336 (—). leur manière

1587. — Y, — 337 — 352 (—). encore un voyage

1588. — Z, — 353 — 368 (—). l'île des Princes,

1589. La feuille signature A a, pages 369 à 384, (commençant ainsi). petit cône
1590. — B b , — 385 — 400 (—). nombre d'étoiles ,
1591. — C c , — 401 — 416 (—). d'inventions
1592. — D d , — 417 — 432 (—). ce théâtre
1593. — E e , — 433 — 448 (—). L'état du commerce
1594. — F f, — 449 — 464 (—). dises, seront jugés
1595. — G g, — 465 — 480 (—). miner les formes
1596. — H h, — 481 — 496 (—). autres ouvrages
1597. — I i, — 497 — 512 (—) on mènera les chiens,
1598. — K k, — 513 — 528 (—). publier cet écrit,
1599. — L l, — 529 — 544 (—). instruits
1600. — M m, — 545 — 560, (—). primer, à Coblentz
1601. — N n, — 561 — 576 (—). si son nom nous était connu.
1602. ★ Table des articles, pages 567 à 576, commençant par, Essai sur la ligne droite, et finissant par, Almanach des Prosateurs.

TOME IV.

1603. LE faux titre.

1604. Le frontispice daté de l'an 9, 1801.

1605. Dédicace au célèbre orientaliste William Ou-
       seby ;

1606. La feuille signature A 4, *pages 7 à 16, (com-
       mençant ainsi).* Léon-Cassius

1607. — B, — 17 — 32 (—). « rien n'est plus sensé

1608. — C, — 33 — 48 (—). dans le premier

1609. — D, — 49 — 64 (—). Guises,

1610. — E, — 65 — 80 (—). Klopstock,

1611. — F, — 81 — 96 (—). son honneur,

1612. — G, — 97 — 112 (—). Depuis cette époque,

1613. — H, — 113 — 128 (—). *tablir et d'appli-
       quer*

1614. — I, — 129 — 144 (—). cet ouvrage

1615. — K, — 145 — 160 (—). L'auteur

1616. — L, — 161 — 176 (—). L'embaumement,

1617. — M, — 177 — 192 (—). D'autres

1618. — N, — 193 — 208 (—). ment retardé.

1619. — O, — 209 — 224 (—). commence

1620. — P, — 225 — 240 (—). ce recueil

1621. — Q, — 241 — 256 (—). Son vaste empire,

1622. — R, — 257 — 272 (—). imprimées

1623. — S, — 273 — 288 (—). on lui répondait,

1624. — T, — 289 — 304 (—). Ce cinquième

1625. — V, — 305 — 320 (—). « célèbres mé-
       decins

1626. La feuille signature X, pages 321 à 336, (commençant ainsi). mann, n'adoptant

1627. — Y , — 337 — 352 (—). apprendre

1628. *N. B.* A la page 352 doit se trouver une planche représentant un buste que l'on a prétendu être Agrippine.

1629. — Z , — 353 — 368 (—). raison :

1630. — A a , — 369 — 384 (—). XIV. Avis

1631. — B b , — 385 — 400 (—). saire, deux séances

1632. — C c , — 401 — 416 (—). Les idées

1633. — D d , — 417 — 432 (—). artificielles,

1634. — E e , — 433 — 448 (—). Dans ses *Euménides*.

1635. *N. B.* A la page 433 doit se trouver une planche représentant trois furies.

1636. — F f , — 449 — 464 (—). est fait mention

1637. — G g , — 465 — 480 (—). le bouclier

1638. — H h , — 481 — 496 [*Faussement cotée.*] (—). Si la pile

1639. — I i , — 497 — 512 (—). c. 13, p. 87.

1640. — K k , — 513 — 528 (—). et au simple trait.

1641. — L l , — 529 — 544 (—). *encyclopédique,*

1642. — M m , — 545 — 560 (—). On vient de placer

1643. — N n , — 561 — 576 (—). qu'on ne peut

1644. * Table des articles, pages 567 à 576, commençant par, Instruction élémentaire, et finissant par, Journal de Norwège.

TOME V.

1645. Le faux titre.

1646. Le frontispice daté de l'an 9, 1801.

1647. Dédicace à Monsieur Henri — Charles — Ernest Koehler,

1648. La feuille signature A 4, *pages* 7 à 16, (*commençant ainsi*). Depuis la mort

1649. — B, — 17 — 32 (—). Parmi les ouvrages

1650. — C, — 33 — 48 (—). elles sont noires,

1651. *N. B.* A la page 33 doit se trouver une planche représentant une furie en pied et coloriée.

1652. La feuille signature D, pages 49 à 64, (*commençant ainsi*). Les acteurs

1653. — E, — 65 — 80 (—). Selon le passage

1654. — F, — 81 — 96 (—). cédé qu'on emploie;

1655. — G, — 97 — 112 (—). « Quel est le meilleur

1656. — H, — 113 — 128 (—). que la bibliothèque

1657. — I, — 129 — 144 (—). parties d'acide

1658. — K, — 145 — 160 (—). le premier jour

1659. — L, — 161 — 176 (—). de pareilles

1660. — M, — 177 — 192 (—). a taché

1661. — N, — 193 — 208 (—). être la principale.

1662. — O, — 209 — 224 (—). La médaille;

1663. *N. B.* A la page 215 doit se trouver une planche coloriée représentant une furie en pied, armée d'un serpent et d'un flambeau.

1664. *N. B.* A la page 218 doit se trouver une planche
représentant Oreste tourmenté sur le théâtre
par les furies.

1665. La feuille signature P, pages 225 à 240, (commençant ainsi). de temps la ruine

1666. — Q, — 241 — 256 (—). L'Empereur de
Russie

1667. — R, — 257 — 272 (—). quelques comparaisons,

1668. — S, — 273 — 288 (—). Il n'y en a pas

1669. — T, — 289 — 304 (—). des institutions

1670. — V, — 305 — 320 (—). *sir les moindres
variations*

1671. — X, — 321 — 336 (—). M. Charke

1672. — Y, — 337 — 352 (—). Mais en Italien

1673. — Z, — 353 — 368 (—). que le chemin

1674. — Aa, — 369 — 384 (—). L'exécution

1675. — Bb, — 385 — 400 (—). les savans

1676. — Cc, — 401 — 416 (—). Le temps jugé
nécessaire

1677. — Dd, — 417 — 432 (—). lipses dont

1678. — Ee, — 433 — 448 (—). Jusqu'ici

1679. — Ff, — 449 — 464 (—). de ses principales

1680. — Gg, — 465 — 480 (—). aiguë

1681. — Hh, — 481 — 496 (—). de jouer

1682. *N. B.* A la page 494 doit se trouver une planche
sur laquelle est gravée une inscription Egyptienne trouvée à Rosette.

1683. — Ii, — 497 — 512 (—). rection serait
obligée

1684. La feuille signature K k, pages 513 à 528, (commençant ainsi). généraux
1685. — L l, — 529 — 544 (—). beville, adressa
1686. — M m, — 545 — 560 (—). trop souvent
1687. — N n, — 561 — 576 (—). *nouvelle* édition
1688. ★ Table des articles, pages 567 à 576, commençant par, Traité élémentaire, et finissant par, Annuaire du département de la Sarthe,

TOME VI.

1689. Le faux titre.

1690. Le frontispice daté de l'an 9, 1801.

1691. Dédicace à la Société Linnéenne de Londres.

1692. La feuille signature A 4, *pages 7 à 16, (commençant ainsi)*. Cette nouvelle édition

1693. — B, — 17 — 32 (—). tions des lettres

1694. — C, — 33 — 48 (—). Il y a déjà long tems

1695. — D, — 49 — 64 (—). Après cet examen

1696. — E, — 65 — 80 (—). in the direction

1697. — F, — 81 — 96 (—). Dans la dernière séance

1698. — G, — 97 — 112 (—). connoissance intime.

1699. — H, — 113 — 128 (—). donné une nouvelle preuve

1700. — I, — 129 — 144 (—). 1725, d'un père

1701. — K, — 145 — 160 (—). l'importance

1702. — L, — 161 — 176 (—). « très-difficile

1703. — M, — 177 — 192 (—). rapporterai

1704. — N, — 193 — 208 (—). du sphinx,

1705. — O, — 209 — 224 (—). ce que j'ai peine à me pardonner

1706. — P, — 225 — 240 (—). résulte de brebis indigènes

1707. — Q, — 241 — 256 (—). servations importantes.

1708. — R, — 257 — 272 (—). dieux consiste

1709. — S, — 273 — 288 (—). La traduction

1710. — T, — 289 — 304 (—). L'architecte

1711. — V, — 305 — 320 (—). tres tables;

1712. La feuille signature X, pages 321 à 336, (commençant ainsi). « trouvent

1713. — Y, — 337 — 352 (—). pour lui de ne pas

1714. — Z, — 353 — 368 (—). coupent. Mais rien

1715. — Aa, — 369 — 384 (—). son style était simple

1716. — Bb, — 385 — 400 (—). simule pas que son opinion

1717. — Cc, — 401 — 416 (—). olympique,

1718. — Dd, — 417 — 432 (—). moins favorisés.

1719. — Ee, — 433 — 448 (—). Lorsqu'au commencement

1720. — Ff, — 449 — 464 (—). de la bibliothèque

1721. — Gg, — 465 — 480 (—). des connaissances

1722. — Hh, — 481 — 496 (—). orthographe,

1723. — Ii, — 497 — 512 (—). le 16 avril.

1724. — Kk, — 513 — 528 (—). vannent cette ordure,

1725. — Ll, — 529 — 544 (—). argonautiques;

1726. — Mm, — 545 — 560 (—). afin de les faire fondre

1727. — Nn, — 561 — 576 (—). 9 fr. on souscrit,

1728. ★ Table des articles, pages 567 à 576, commençant par, Élémens de mathematiques, et finissant par, l'Oracle parfait.

Fin de la Table des Tomes XXXVII à XLII de la Collection et des volumes I à VI de la Septième année.

TABLE NUMÉRIQUE

De toutes les signatures et estampes dont est composée la huitième année du Magasin Encyclopédique, en 6 volumes in-8°.

Nota. Le relieur aura soin de mettre cette table au commencement du T. Ier. de la huitième année.

TOME PREMIER.

1729. Le faux titre.
1730. Le frontispice daté de l'an 10, 1802.
1731. La présente table en 12 pages, n°s. 1729 à 1975.
1732. Dédicace à la Société royale des sciences de Gœttingue,
1733. La feuille signature A 4, pages 7 à 16, (*commençant ainsi*). Je viens de trouver,
1734. — B, — 17 — 32 (—). à quatre,
1735. — C, — 33 — 48 (—). sinueuse
1736. — D, — 49 — 64 (—). femelles
1737. — E, — 65 — 80 (—). dès lors,
1738. — F, — 81 — 96 (—). « les cendres
1739. — G, — 97 — 112 (—). des œufs très-gros
1740. — H, — 113 — 128 (—). tion, les caractères

1741. La feuille signature I, pages 129 à 144, (com-
       mençant ainsi). Le même imprimeur
1742. — K, — 145 — 160 (—). L'histoire
1743. — L, — 161 — 176 (—). rien obtenir ;
1744. — M, — 177 — 192, (—). « celle de l'Asie
1745. — N, — 193 — 208 ( ). L'épouse
1746. — O, — 209 — 224 (—). Je passe
1747. — P, — 225 — 240 (—). interne
1748. — Q, — 241 — 256 (—). M. Wad,
1749. — R, — 257 — 272 (—). ne soient pas
1750. — S, — 273 — 288 (—). une traduction
1751. — T, — 289 — 304 (—). On n'a jamais
1752. — V, — 305 — 320 (—). long d'environ
1753. *N. B.* A la page 309 doit se trouver une planche
       représentant le plan des ruines du temple de
       Cérès.
1754. La feuille signature X, pages 321 à 336, (com-
       mençant ainsi). ce qui me paroît
1755. — Y, — 337 — 352 (—). des notes,
1756. — Z, — 353 — 368 (—). fectionnée,
1757. — A a, — 369 — 384 (—). convenir que,
1758. — B b, — 385 — 400 (—). « qui ne fut arrêté
1759. — C c, — 401 — 416 (—). est de rigueur.
1760. — D d, — 417 — 432 (—). en reconnaissance
1761. — E e, — 433 — 448 (—). comparer
1762. *N. B.* A la page 445 doit se trouver deux plan-
       ches, la première représente un crâne humain
       vu par derrière, et la seconde deux têtes de
       morts, dont une de profil et l'autre de face.
1763. — F f, — 449 — 464 (—). trouvent toujours

1764. La feuille signature G g, pages 465 à 480, (commençant ainsi). Dans la partie
1765. — H h, — 481 — 496 (—). « de la mer,
1766. — I i, — 497 — 512 (—). server: plusieurs
1767. — K k. — 513 — 528 (—). de la fonction
1768. — L l, — 529 — 544 (—). La fonction
1769. — M m, — 545 — 560 (—). cette seconde
1770. — N n, — 561 — 576 (—). les caractères
1771. — * Table des articles, pages 567 à 576, commençant par, Tableaux septenaires, et finissant par, Encyclopédie comique.

TOME II.

1772. LE faux titre.
1773. Le frontispice daté de l'an 10, 1802.
1774. Dédicace à Jean-Baptiste Lechevalier,
1775. La feuille signature A 4, pages 7 à 16, (commençant ainsi). Nous avons rendu compte
1776. — B, — 17 — 32 (—). Monsieur,
1777. — C, — 33 — 48 (—). Paul de Praun
1778. — D, — 49 — 64 (—). pierres, comme on sait,
1779. — E, — 65 — 80 (—). ment intéressant
1780. — F, 81 — 96 — (—). « dévorer
1781. — G, — 97 — 112 (—). rête plus particulièrement,
1782. — H, — 113 — 128 (—). Celle de Pezay

8 .

1783. La feuille signature I, pages 129 à 144 (com-
       mençant ainsi). cette classe d'hommes
1784. — K, — 145 — 160 (—). en donnant,
1785. — L, — 161 — 176 (—). la gomme
1786. — M, — 177 — 192 (—). cette monstruosité
1787. — N, — 193 — 208 (—). L'Empereur
1788. — O, — 209 — 224 (—). multitude
1789. — P, — 225 — 240 (—). avant la conquête
1790. — Q, — 241 — 256 (—). l'être encore.
1791. — R, — 257 — 272 (—). parmi les sciences
1792. — S, — 273 — 288 (—). chaque livraison,
1793. — T, — 289 — 304 (—). La découverte
1794. — V, — 305 — 320 (—). ceux qui voulaient
1795. — X, — 321 — 336 (—). son sincère,
1796. — Y, — 337 — 352, (—). d'un homme
1797. — Z, — 353 — 368 (—). après avoir corrigé
1798. — A a, — 369 — 384 (—). sume y être
1799. — B b, — 385 — 400 (—). M. Gervais,
1800. — C c, — 401 — 416 (—). vaporation sont
       placés
1801. — D d, — 417 — 432 (—). que mois).
1802. — E e, — 433 — 448 (—). tous les auteurs
1803. — F f, — 449 — 464 (—). quand l'état
1804. — G g, — 465 — 480 (—). loin son asile;
1805. — H h, — 481 — 496 (—). vains projets!
1806. — I i, — 497 — 512 (—). s'élever
1807. — K k, — 513 — 528 (—). La première car-
       gaison
1808. — L l, — 529 — 544 (—). Le C. Langlès,
1809. — M m, — 545 — 560 (—). sont chargés

1810. La feuille signature N n, pages 561 à 576, (commençant ainsi). étudians

1811. * Table des articles, pages 567 à 576, commençant par, Traité élémentaire d'Arithmétique, et finissant par, Lettres sur Constantinople.

TOME III.

1812. Le faux titre.

1813. Le frontispice daté de l'an 11, 1802.

1814. Dédicace à M. Akertlad,

1815. La feuille signature A 4, pages 7 à 16, (commençant ainsi). Les découvertes

1816. — B, — 17 — 32 (—). lisation, les arts

1817. — C, — 33 — 48 (—). pendant mes recherches,

1818. — D, — 49 — 64 (—). notre monde

1819. — E, — 65 — 80 (—). leurs.

1820. — F, — 81 — 96 (—). de l'Aya-Pana

1821. — G, — 97 — 112 (—). pas lesés :

1822. — H, — 113 — 128 (—). Le phénomène

1823. — I, — 129 — 144 (—). on souscrit

1824. — K, — 145 — 160 (—). l'homme

1825. — L, — 161 — 176 (—). nature a pourvu à tout.

1826. — M, — 177 — 192 (—). dans plusieurs

1827. — N, — 193 — 208 (—). « la lune;

1828. — O, — 209 — 224, (—). « avantage aux François,

1829. — La feuille signature P, pages 225 à 240,
      (commençant ainsi). à son amélioration;
1830. — Q, — 241 — 256 (——). en passant
1831. — R, — 257 — 272 (——). Dans la notice
1832. — S, — 273 — 288 (——). dans la foule
1833. — T, — 289 — 304 (——). une science
1834. — V, — 305 — 320 (——). françois,
1835. — X, — 321 — 336 (——). « la pensée
1836. — Y, — 337 — 352, (——). « ciel;
1837. — Z, — 353 — 368 (——). les rappeler
1838. — A a, — 369 — 384 (——). été cachées jus-
      que là,
1839. — B b, — 385 — 400 (——). d'opium
1840. — C c, — 401 — 416 (——). et la troisième,
1841. — D d, — 417 — 432 (——). decin écossais,
1842. — E e, — 433 — 448 (——). on peut consi-
      dérer
1843. — F f, — 449 — 464 (——). Sainte-Croix;
1844. — G g, — 465 — 480 (——). lient aux sens
1845. — H h, — 481 — 496 (——). de désolation.
1846. — I i, — 497 — 512 (——) moire sur
1847. — K k, — 513 — 528 (——). nal en a fait
1848. — L l, — 529 — 544 (——). « qui ornent le
      cœur.
1849. — M m, — 545 — 560, (——). représentent
1850. — N n, — 561 — 576 (——). oublié;
1851. *Table des articles, pages 567 à 576, commen-
      çant par, Journal de l'école polytechnique,
      et finissant par, Lettre du C. Eusèbe.

TOME IV.

1852. LE faux titre.

1853. Le frontispice daté de l'an 11, 1802.

1854. Dédicace au célèbre minéralogiste Werner,

1855. La feuille signature A 4, *pages 7 à 16, (commençant ainsi*). en rendant compte,

1856. — B, — 17 — 32 (—). du fœtus humain

1857. — C, — 33 — 48 (—). « le tambour

1858. — D, — 49 — 64 (—). chinois,

1859. — E, — 65 — 80 (—). ces résultats

1860. — F, — 81 — 96 (—). ami de Pompée

1861. — G, — 97 — 112 (—). Paris,

1862. — H, — 113 — 128 (—). Le levé

1863. — I, — 129 — 144 (—). cet ouvrage

1864. — K, — 145 — 160 (—). A la séance

1865. — L, — 161 — 176 (—). Lorsque

1866. — M, — 177 — 192 (—). la tranchée,

1867. — N, — 193 — 208 (—). n'en déplaise

1868. — O, — 209 — 224 (—). La langue

1869. — P, — 225 — 240 (—). Ausone

1870. — Q, — 241 — 256 (—). on aura soin

1871. — R, — 257 — 272 (—). dictionnaire.

1872. — S, — 273 — 288 (—). *et corrections*

1873. — T, — 289 — 304 (—). L'homme

1874. — V, — 305 — 320 (—). M. Jahn,

1875. — X, — 321 — 336 (—). pour voir

1876. — Y, — 337 — 352 (—). « les bénignes

1877. — Z, — 353 — 368 (—). Platon,

1878. La feuille signature Aa, pages 369 à 384, (commençant ainsi). « convéniens des méthodes

1879. — Bb, — 385 — 400 (—). profiter.

1880. — Cc, — 401 — 416 (—). cription qui se trouve

1881. — Dd, — 417 — 432 (—). sa lecture

1882. — Ee, — 433 — 448 (—). Depuis la découverte

1883. *N. B.* A la page 444 doit se trouver une planche représentant un diptyque consulaire trouvé à Besançon.

1884. — Ff, — 449 — 464 (—). blette, sans parvenir à la fin

1885. — Gg, — 465 — 480 (—). roit dans une sorte

1886. — Hh, — 481 — 496 (—). non de fixer le bonheur,

1887. — Ii, — 497 — 512 (—). in-12,

1888. — Kk, — 513 — 528 (—). Le C. Lalande

1889. — Ll, — 529 — 544 (—). ment que la direction

1890. — Mm, — 545 — 560 (—). lionacée

1891. — Nn, — 561 — 576 (—). cette description

1892. ★ Table des articles, pages 567 à 576, commençant par, Annales françaises, et finissant par, Brotier et Vauvilliers.

TOME V.

1893. LE faux titre.

1894. Le frontispice daté de l'an 11, 1802.

1895. Dédicace à Jérôme Delalande.

1896. La feuille signature A 4, *pages* 7 à 16, (*commençant ainsi*). Si l'on fut étonné

1897. — B, — 17 — 32 (—). turbations ;

1898. — C, — 33 — 48 (—). mémoires de la société

1899. — D, — 49 — 64 (—). tion proposée

1900. — E, — 65 — 80 (—). « l'histoire

1901. — F, — 81 — 96 (—). « et de la morale,

1902. — G, — 97 — 112 (—). *La seconde classe*

1903. — H, — 113 — 128 (—). il avait contribué

1904. — I, — 129 — 144 (—). tant aiguës

1905. — K, — 145 — 160 (—). ce n'est point

1906. — L, — 161 — 176 (—). qui force

1907. — M, — 177 — 192 (—). derrière :

1908. — N, — 193 — 208 (—). « religion

1909. — O, — 209 — 224 (—). « comte

1910. — P, — 225 — 240 (—). *extremum*

1911. — Q, — 241 — 256 (—). deries sont puce,

1912. — R, — 257 — 272 (—). sort

1913. — S, — 273 — 288 (—). ouvrage

1914. — T, — 289 — 304, (—). cet ouvrage

1915. — V, — 305 — 320 (—). Il existe

1916. — X, — 321 — 336 (—). curer beaucoup

1917. La feuille signature Y, pages 337 à 352, (com-
            mençant ainsi). éruptions

1918. — Z, — 353 — 368 (—). aperçu.

1919. — A a, — 369 — 384 (—). fesseur appelle

1920. — B b, — 385 — 400 (—). de la salpétrière.

1921. — C c, — 401 — 416 (—). *Louis Aimé*

1922. — D d, — 417 — 432 (—). premiers hommes.

1923. — E e, — 433 — 448 (—). Les nombreuses

1924. N. B. A la page 438 doit se trouver une planche
            représentant les caractères des vingt genres
            qui composent l'ordre des Ophidiens.

1925. La feuille signature Ff, pages 449 à 464, (com-
            mençant ainsi). anciennes :

1926. — G g, — 465 — 480 (—). Je vais

1927. — H h, — 481 — 496 (—). « ne seraient

1928. — I i, — 497 — 512 (—). haute idée

1929. N. B. A la page 499 doit se trouver une planche
            représentant une statue égyptienne.

1930. La feuille signature K k, pages 513 à 528, (com-
            mençant ainsi). lévation ;

1931. — L l, — 529 — 544 (—). jaune ou succin

1932. — M m, — 545 — 560 (—). ce fond léger

1933. — N n, — 561 — 576 (—). et parmi

1934. * Table des articles, pages 567 à 576, commen-
            çant par, le Guide du jeune militaire, et finis-
            sant par, Déclamation du C. *Petit Radel.*

TOME VI.

1935. Le faux titre.

1936. Le frontispice daté de l'an 11, 1802.

1937. Dédicace à la Société littéraire de Nancy,

1938. La feuille signature A 4, *pages 7 à 16, (commençant ainsi)*. Cette lettre

1939. — B, — 17 — 32 (—). « citoyen,

1940. — C, — 33 — 48 (—). rique des Grecs,

1941. — D, — 49 — 64 (—). relever

1942. — E, — 65 — 80 (—). quantités

1943. — F, — 81 — 96 (—). Ἐυχαρίϛῳ (gracieux),

1944. — G, — 97 — 112 (—). L'explication

1945. — H, — 113 — 128 (—). les terres

1946. — I, — 129 — 144 (—). les personnes

1947. — K, — 145 — 160 (—). Ce dictionnaire

1948. — L, — 161 — 176 (—). qu'une carrière

1949. *N. B.* A la page 163 doit se trouver une planche représentant Bacchus célébrant son mariage avec Ariadhe.

1950. — M, — 177 — 192 (—). Bacchus

1951. — N, — 193 — 208 (—). on voit

1952. — O, — 209 — 224 (—). et par leurs connoissances

1953. — P, — 225 — 240 (—). « il naît aussi

1954. — Q, — 241 — 256 (—). se trouvent

1955. — R, — 257 — 272 (—). Les sciences

1956. — S, — 273 — 288 (—). voici les articles

1957. — T, — 289 — 304 (—). Parmi

1958. La feuille signature V, pages 305 à 320, (com-
      mençant ainsi). « cause,
1959. — X, — 321 — 336 (——). « vendoient
1960. — Y, — 337 — 352 (——). ce moyen
1961. — Z, — 353 — 368 (——). la vie;
1962. — A a, — 369 — 384 (——). dans toute sa
      force,
1963. — B b, — 385 — 400 (——). ouvre ces longs
      canaux,
1964. — C c, — 401 — 416 (——). *wich upon tweed,*
1965. — D d, — 417 — 432 (——). ce petit traité,
1966. — E e, — 433 — 448 (——). M. Denon,
1967. — F f, — 449 — 464 (——). fameux camée
1968. — G g, — 465 — 480 (——). du temple
1969. — H h, — 481 — 496 (——). cœur des hommes
1970. — I i, — 497 — 512 (——). Michauxia
1971. — K k, — 513 — 528 (——). » inculpation
1972. — L l, — 529 — 544 (——). « habitude,
1973. — M m, — 545 — 560 (——). je pourrais
1974. — N n, — 561 — 576 (——). tiplie les crimes
1975. ★ Table des articles, pages 567 à 576, commen-
      çant par, Connoissance des tems, et finissant
      par, Nouveau Dialogue des morts.

*Fin de la Table des Tomes XLIII à XLVIII de
la Collection et des volumes I à VI de la Huitième
année.*

TABLE NUMÉRIQUE

De toutes les signatures et estampes dont est composée la neuvième année du Magasin Encyclopédique, en 6 volumes in-8°.

Nota. Le relieur aura soin de mettre cette table au commencement du T. 1er. de la neuvième année.

TOME PREMIER.

1976. LE faux titre.

1977. Le frontispice daté de l'an 11, 1803.

1978. La présente table en 12 pages, nos. 1976 à 2222.

1979. Dédicace à la Société Galvanique.

1980. La feuille signature A 4, pages 7 à 16, (*commençant ainsi*). Depuis

1981. — B, — 17 — 32 (—). cet ouvrage,

1982. — C, — 33 — 48 (—). lique, que

1983. — D, — 49 — 64 (—). nommés classes,

1984. — E, — 65 — 80 (—). dus, tel est

1985. — F, — 81 — 96 (—). M. le docteur

1986. — G, — 97 — 112 (—). un autre architecte,

1987. — H, — 113 — 128 (—). joint l'art de la parole.

Neuvième année, T. 1 à 6.

9

1988. La feuille signature I, pages 129 à 144, (com-
        mençant ainsi). de tous les points
1989. — K, — 145 — 160 (—). » l'étude
1990. — L, — 161 — 176 (—). qu'il ait
1991. — M, — 177 — 192, (—). reilles indépen-
        damment
1992. — N, — 193 — 208 (—). ment de la formation
1993. — O, — 209 — 224 (—). point en vain.
1994. — P, — 225 — 240 (—). tes, et à seconder
1995. — Q, — 241 — 256 (—). inséré
1996. — R, — 257 — 272 (—). champs
1997. — S, — 273 — 288 (—). la première.
1998. — T, — 289 — 304 (—). Dans un
1999. — V, — 305 — 320 (—). non-seulement
2000. — X, — 321 — 336 (—). telle
2001. — Y, — 337 — 352 (—). ces lettres
2002. — Z, — 353 — 368 (—). muscle.
2003. — A a, — 369 — 384 (—). très bien
2004. — Bb, — 385 — 400 (—). lui a attribuées.
2005. — Cc, — 401 — 416 (—). justement
2006. — Dd, — 417 — 432 (—). Les plantes
2007. — Ee, — 433 — 448 (—). cet ouvrage
2008. — Ff, — 449 — 464 (—). et qu'il a prise
2009. — Gg, — 465 — 480 (—). propriété
2010. — Hh, — 481 — 496 (—). l'organe
2011. — Ii, — 497 — 512 (—). pendant
2012. — Kk, — 513 — 528 (—). a reconnu
2013. — Ll, — 529 — 544 (—). rien
2014. — M m, — 545 — 560 (—). machine
2015. — N n, — 561 — 576 (—). cette lettre

2016. — * Table des articles, pages 567 à 576, commençant par, Notice des ouvrages, et finissant par, le Classique des dames.

TOME II.

2017. Le faux titre.
2018. Le frontispice daté de l'an 11, 1803.
2019. Dédicace à Monsieur Charles Gottlob Anton.
2020. La feuille signature A 4, pages 7 à 16, (*commençant ainsi*). histoire d'Hérodote,
2021. — B, — 17 — 32 (—). « sieurs personnes
2022. — C, — 33 — 48 (—). Thébaïde,
2023. — D, — 49 — 64 (—). 6°. Que tous les alphabets
2024. — E, — 65 — 80 (—). ment que l'auteur
2025. — F, 81 — 96 — (—). vations faites
2026. — G, — 97 — 112 (—). papiers,
2027. — H, — 113 — 128 (—). le plus grand
2028. — I, — 129 — 144 (—). *d'un lit économique,*
2029. — K, — 145 — 160 (—). Jusqu'ici
2030. — L, — 161 — 176 (—). et à s'en couvrir
2031. — M, — 177 — 192 (—). « *qu'ils y paraissaient*
2032. — N, — 193 — 208 (—). inscription,
2033. — O, — 209 — 224 (—). tantinople,
2034. — P, — 225 — 240 (—). religion plus anciennes,

2035. La feuille signatu e Q, pages 241 à 256, (commençant ainsi). Besançon,
2036. — R , — 257 — 272 (—). détaillées
2037. — S, — 273 — 288 (—). ment lorsqu'il s'agira
2038. — T, — 289 — 304 (—). cet ouvrage
2039. — V, — 305 — 320 (—). « qu'à Genève,
2040. — X, — 321 — 336 (—). que lui suscitèrent
2041. — Y, — 337 — 352, (—). note 20).
2042. — Z, — 353 — 368 (—). note 108).
2043. — A a, — 369 — 384 (—). N°. 36.
2044. — B b, — 385 — 400 (—). proportions
2045. — C c, — 401 — 416 (—). ce fluide
2046. — D d, — 417 — 432 (—). de Ferrare,
2047. — E e, — 433 — 448 (—). On remarque
2048. — F f, — 449 — 464 (—). une éponge
2049. — G g, — 465 — 480 (—). sième est consacrée
2050. — H h, — 481 — 496 (—). l'enflamme.
2051. — I i, — 497 — 512 (—). dont se compose
2052. — K k, — 513 — 528 (—). cipité le fer oxidé
2053. — L l, — 529 — 544 (—). voici l'ordre
2054. — M m, — 545 — 560 (—). souffert
2055. — N n, — 561 — 576 (—) Ameilhon,
2056. * Table des articles, pages 567 à 576, commençant par, Journal de physique, et finissant par, Giornale di italiana litteratura.

TOME III.

2057. Le faux titre.
2058. Le frontispice daté de l'an 11, 1803.
2059. Dédicace à Frédéric Münster.
2060. La feuille signature A 4, *pages* 7 à 16, (*commençant ainsi*). L'essai
2061. — B, — 17 — 32 (—). ciens de leurs vêtemens
2062. — C, — 33 — 48 (—). l'on excepte
2063. — D, — 49 — 64 (—). qui ne s'accorde
2064. — E, — 65 — 80 (—). Dans la séance
2065. — F, — 81 — 96 (—). comptés
2066. — G, — 97 — 112 (—). calculer
2067. — H, — 113 — 128 (—). au nord
2068. — I, — 129 — 144 (—). faire du dictionnaire
2069. — K, — 145 — 160 (—). l'heureuse
2070. — L, — 161 — 176 (—). tiennent que
2071. — M, — 177 — 192 (—). plie d'adresse
2072. — N, — 193 — 208 (—). *epodos,*
2073. — O, — 209 — 224 (—). C'est
2074. — P, — 225 — 240 (—). trouvent
2075. — Q, — 241 — 256 (—). Le mémoire
2076. — R, — 257 — 272 (—). néralement
2077. — S, — 273 — 288 (—). passer pour
2078. — T, — 289 — 304, (—). le plus savant
2079. — V, — 305 — 320 (—). servé beaucoup
2080. *N. B.* A la page 318 doit se trouver le type d'un calendrier d'après les principes de M. Wernebourg.

2081. La feuille signature X , pages 321 à 336, (commen-
         çant ainsi). contenus
2082. — Y , — 337 — 352 (—). « d'autorité
2083. — Z , — 353 — 368 (—). des couronnes
2084. — A a , — 369 — 384 (—). le docteur
2085. — B b , — 385 — 400 (—). grelot.
2086. — C c , — 401 — 416 (—). d'y avoir
2087. — D d , — 417 — 432 (—). Les deux premiers
2088. — E e , — 433 — 448 (—). On ne peut que
2089. — F f , — 449 — 464 (—). la princesse
2090. — G g , — 465 — 480 (—). nous avons
2091. — H h , — 481 — 496 (—). droite pour
2092. — I i , — 497 — 512 (—). vertes:
2093. — K k , — 513 — 528 (—). beaucoup
2094. — L l , — 529 — 544 (—). avait faits
2095. — M m , — 545 — 560 (—). MM. Muhé,
2096. — N n , — 561 — 576 (—). *d'une grammaire*
2097. * Table des articles, pages 567 à 576, commen-
         çant par, Observations astronomiques, et finis-
         sant par, Réflexions et Pensées.

TOME IV.

2098. Le faux titre.
2099. Le frontispice daté de l'an 11, 1803.
2100. Dédicace à Gotthelf Fischer,
2101. La feuille signature A 4, *pages 7 à 16, (commen-
         çant ainsi).* Cette thèse,

2102. La feuille signature B, pages 17 à 32, (commençant ainsi). soumis à leur

2103. — C, — 33 — 48 (—). net : à un favori.

2104. — D, — 49 — 64 (—). par sa trop grande étendue

2105. — E, — 65 — 80 (—). La variation

2106. — F, — 81 — 96 (—). sont pour un négociant

2107. — G, — 97 — 112 (—). des hommes

2108. — H, — 113 — 128 (—). c'est par ce moyen

2109. — I, — 129 — 144 (—). Jacques-Denis

2110. — K, — 145 — 160 (—). Je suis étonné,

2111. — L, — 161 — 176 (—). ce fut

2112. — M, — 177 — 192 (—). *toute la face*

2113. — N, — 193 — 208 (—). terai Mme. Pecauld,

2114. — O, — 209 — 224 (—). manière

2115. — P, — 225 — 240 (—). 1518 et qui viennent

2116. — Q, — 241 — 256 (—). le temple d'Esculape

2117. — R, — 257 — 272 (—). sa séance publique

2118. — S, — 273 — 288 (—). et chapelet,

2119. — T, — 289 — 304 (—). Le plus beau

2120. — V, — 305 — 320 (—). tion de lampes

2121. — X, — 321 — 336 (—). de sa bouche.

2122. — Y, — 337 — 352 (—). qui est remplie

2123. — Z, — 353 — 368 (—). La disparition

2124. — A a, — 369 — 384 (—). construire

2125. — B b, — 385 — 400 (—). « M. Renouard

2126. — C c, — 401 — 416 (—). « la patrie

2127. — D d, — 417 — 432 (—). On aurait peine

2128. — E e, — 433 — 448 (—). le gouvernement

2129. — F f, — 449 — 464 (—). la coutume

2130. La feuille signature Gg, pages 465 à 480, (commençant ainsi). ses ornemens

2131. — H h, — 481 — 496 (—). seul honneur

2132. — I i, — 497 — 512 (—). généreuse

2133. — K k, — 513 — 528 (—). rection de l'académie

2134. — L l, — 529 — 544 (—). fiance à la tête

2135. — M m, — 545 — 560 (—). cette première

2136. — N n, — 561 — 576 (—). Les preuves

2137. * Table des articles, pages 566 à 576, commençant par, Table générale des articles, et finissant par, OEuvres *de Montesquieu.*

TOME V.

2138. Le faux titre.

2139. Le frontispice daté de l'an 12, 1804.

2140. Dédicace à l'académie de Dijon.

2141. La feuille signature A 4, *pages* 7 à 16, (*commençant ainsi*). Dans la séance

2142. — B, — 17 — 32 (—). acquis

2143. *N. B.* A la page 25 doit se trouver deux planches représentant chacune un lion avec différentes inscriptions sur le corps.

2144. — C, — 32 — 48 (—). il s'établit

2145. — D, — 49 — 64 (—). phyrogeniti

2146. — E, — 65 — 80 (—). les faisait coucher

2147. — F, — 81 — 96 (—). beaux à l'abbé

2148. — La feuille signature G, pages 97 à 112, (commençant ainsi). parere volui,

2149. — H, — 113 — 128 (—). était aussi longue

2150. — I, — 129 — 144 (—). l'exercice

2151. — K, — 145 — 160 (—). L'auteur

2152. — L, — 161 — 176 (—). (13) « le Dieu

2153. — M, — 177 — 192 (—). d'Henri IV,

2154. — N, — 193 — 208 (—). objets d'art.

2155. — O, — 209 — 224 (—). de ces extravagances

2156. N. B. A la page 224 doit se trouver une planche représentant des figures de géométrie.

2157. — P, — 225 — 240 (—). instrument.

2158. — Q, — 241 — 256 (—). au nombre

2159. — R, — 257 — 272 (—). tout

2160. — S, — 273 — 288 (—). c'est un tableau

2161. — T, — 289 — 304 (—). Les mousses

2162. — V, — 305 — 320 (—). plantes

2163. — X, — 321 — 336 (—). opercule.

2164. — Y, — 337 — 352 (—). ardous

2165. — Z, — 353 — 368 (—). L'excellent

2166. — A a, — 369 — 384 (—). *long-temps*

2167. — B b, — 385 — 400 (—). effets

2168. — C c, — 401 — 416 (—). 13 : van Alexeje-vitsch

2169. — D d, — 417 — 432 (—). On ajoutera

2170. — E e, — 433 — 448 (—). si les mœurs

2170 *bis.* N. B. A la page 433 doit se trouver une planche représentant le plan d'un monument souterrain existant à Grenoble.

2171. — F f, — 449 — 464 (—). la classe

2172. La feuille signature G g , pages 465 à 480, (commençant ainsi). on cite

2173. *N. B.* A la page 466 doit se trouver une planche représentant différentes murailles construites en pierres polygones irrégulières.

2174. *N. B.* A la page 467 doit se trouver une planche représentant une construction de murailles que les anciens attribuaient aux Cyclopes.

2175. La feuille signature H h , pages 481 à 496, (commençant ainsi). culis erectis;

2176. — I i, — 497 — 512 (—) ignavaque

2177. — K k , — 513 — 528 (—). profond

2178. — L l, — 529 — 544 (—). élémens

2179 — M m , — 545 — 560 (—). jouissant

2180. — N n , — 561 — 576 (—). en font

2181. — O o , — 577 — 584 (—). pute du Saint Sacrement

2182. ★ Table des matières, pages 578 à 584, commençant par, Mémoires sur l'inscription, et finissant par, Description de raretés.

— — —

TOME VI.

2183. Le faux titre.

2184. Le frontispice daté de l'an 12, 1804.

2185. Dédicace a l'Athénée de Vaucluse.

2186. La feuille signature A 4. *pages* 7 à 16, (commençant ainsi). La nature

2187. La feuille signature B, pages 17 à 32, (commençant ainsi). « ses portiers
2188. — C, — 33 — 48 (—). On sent
2189. — D, — 49 — 64 (—). dans un tems
2190. — E, — 65 — 80 (—). que penser
2191. — F, — 81 — 96 (—). l'introduction
2192. — Gg, — 97 — 112 (—). était :
2193. — H, — 113 — 128 (—). thématiques
2194. — I, — 129 — 144 (—). en général
2195. — K, — 145 — 160 (—). monumens
2196. — L, — 161 — 176 (—). son esclavage
2197. — M, — 177 — 192 (—). nous avons
2198. — N, — 193 — 208 (—). attachent.
2199. — O, — 209 — 224 (—). des Lodi
2200. — P, — 225 — 240 (—) ragemens des arts
2201. — Q, — 241 — 256 (—). serait nuire
2202. — R, — 257 — 272 (—). nale et le Mexique.
2203. — S, — 273 — 288 (—). cet ouvrage
2204. — T, — 289 — 304, (—). l'auteur
2205. — V, — 305 — 320 (—). I. (Chap. VIII)
2206. — X, — 321 — 336 (—). leçon,
2207. — Y, — 337 — 352 (—). C'est avec raison
2208. — Z, — 353 — 368 (—). entraînés
2209. — Aa, — 369 — 384 (—). déchirer
2210. — Bb, — 385 — 400 (—). la *générale*
2211. — Cc, — 401 — 416 (—). attendant
2212. — Dd, — 417 — 432 (—). de conquête
2213. — Ee, — 433 — 448 (—). naguère
2214. — Ff, — 449 — 464 (—). ont de ces expressions
2215. — Gg, — 465 — 480 (—). nance, dont l'Élégie

136 *Tab. du Magas. Encycl., Neuv. année, T. VI.*

2216. La feuille signature H h, pages 481 à 496,
    (commençant ainsi). notre langue
2217. — I i, — 497 — 512 (—). coudrier,
2218. — K k, — 513 — 528 (—). alla se réunir
2219. L l, — 529 — 544 (—). « donic,
2220. — M m, — 545 - 560 (—). les Traces
2221. — N n, — 561 — 576 (—). les arts
2222. * Table des articles, pages 561 à 576, commen-
    çant par, Opération astronomique, et finissant
    par, Recueil de vers.

Fin de la Table des Tomes XLIX à LIV de la Collection et des volumes I à VI de la Neuvième année.